LA ESCUELA OCULTA

Si este libro le ha interesado y desea que lo mantengamos informado de nuestras publicaciones, puede escribirnos a
sirio@editorialsirio.com,
o bien suscribirse a nuestro boletín de novedades en:
www.editorialsirio.com

Título original: THE HIDDEN SCHOOL: RETURN OF THE PEACEFUL WARRIOR
Traducido del inglés por Pedro Ruíz de Luna González
Diseño de portada: Editorial Sirio, S.A.
Diseño y maquetación de interior: Toñi F. Castellón

www.editorialsirio.com
sirio@editorialsirio.com

I.S.B.N.: 978-84-17030-47-6
Depósito Legal: MA-71-2018

Impreso en Imagraf Impresores, S. A.
c/ Nabucco, 14 D - Pol. Alameda
29006 - Málaga

Impreso en España

Puedes seguirnos en Facebook, Twitter, YouTube e Instagram.

DAN MILLMAN

LA ESCUELA OCULTA

La última aventura de
El Guerrero Pacífico

A todos y cada uno de nosotros,
que nos esforzamos por vivir con un corazón pacífico
y un espíritu guerrero.

Jamás hay dos personas
que lean el mismo libro.

Edmund Wilson

ÍNDICE

PRÓLOGO

> Los cuentos y los sueños son las verdades ocultas
> que perdurarán cuando los meros hechos
> sean polvo, cenizas y olvido.
> **Neil Gaiman**

En 1966, durante mis años de universidad, conocí a un misterioso mecánico de una estación de servicio al que llamé Sócrates, descrito en *El guerrero pacífico.* Durante la época que pasamos juntos, Sócrates me habló de una mujer chamán de Hawái con quien había estudiado muchos años antes. Me habló también de un libro que había perdido en el desierto y de una escuela oculta en algún lugar de Asia, pero los detalles se fueron pronto a la deriva hacia los recovecos de mi memoria.

Después, cuando terminé mis estudios, mi viejo guía me despachó con las palabras «te tengo muy mal acostumbrado, chico, ya es hora de que aprendas de tu propia experiencia». En los años siguientes me casé, tuve una hija, fui profesor de gimnasia en la Universidad de Stanford y posteriormente enseñé artes del movimiento mientras fui profesor en la Universidad Oberlin.

Habían pasado ocho años desde la primera vez que me di un paseo por la estación de servicio de Sócrates. A simple vista, mi vida parecía tan buena como lo había sido en mis años universitarios como deportista de élite, pero me obsesionaba la sensación de que me estaba perdiendo algo importante: que la vida *real* transcurría ante mí mientras yo jugaba a fingir en las superficialidades de lo convencional. Mientras tanto, mi esposa y yo habíamos acordado separarnos oficialmente.

Hasta me concedieron en la universidad una beca de viaje para investigar sobre las artes marciales y las disciplinas cuerpo-mente. Esta oportunidad volvió a despertar los recuerdos y me abría la posibilidad de encontrar a la gente y los lugares que había mencionado Sócrates años atrás. Podría combinar la investigación profesional con mi búsqueda personal.

Este libro, en el que narro un largo viaje, empieza justamente después de mi aventura en Hawái (narrada en *Sacred Journey of the Peaceful Warrior*) y termina justamente antes del final de *El guerrero pacífico*.

Una vez completada la primera etapa de mis viajes a Hawái, mi objetivo era Japón. Pero un descubrimiento casual lo cambió todo. Un imprevisto que demostraba la validez del dicho «siempre que quieras realmente hacer algo, surgirá algún otro asunto que tendrás que hacer primero».

Todo comenzó una lluviosa mañana de septiembre...

PRIMERA PARTE

Un libro en el desierto

Lucha sin violencia por un mundo mejor,
pero no esperes que sea fácil;
no caminarás sobre rosas.
A los peregrinos de la justicia y de la paz
les espera el desierto.

Dom Hélder Câmara

1

UNO

Un remolino de hojas en el grisáceo amanecer atrajo mi mirada hacia el exterior de la ventana salpicada de lluvia. Estaba en la habitación de un motel en la isla de Oahu. Las oscuras nubes se correspondían con mi estado de ánimo mientras yo flotaba entre cielo y tierra, desarraigado y a la deriva. Mi verano en Molokai con Mama Chia había transcurrido rápidamente. Ahora disponía de nueve meses con permiso para ausentarme antes de reanudar mi labor como enseñante.

Caminé por el suelo alfombrado, vestido únicamente con mi ropa interior. Me detuve y miré mi reflejo en el espejo del baño. «¿He cambiado?», me pregunté. Mi complexión musculosa, un remanente de mis días de deportista universitario y de los recientes trabajos en Molokai, parecía la misma, al igual que mi cara bronceada, mi pronunciado mentón y el habitual corte de pelo al rape. Solamente los ojos que me devolvían la mirada parecían diferentes. ¿Me pareceré algún día a Sócrates, mi viejo guía?

En cuanto llegué a Oahu, unos pocos días antes, llamé a mi hija, de siete años, que me dijo muy emocionada:

–¡Voy a viajar como tú, papi!

Ella y su madre iban a ir a Texas a visitar a unos parientes durante un par de meses, quizá más. Marqué otra vez el número que me había dado, pero no respondió nadie, de manera que me senté y le escribí una tarjeta postal; la llené de X y de O,* dándome perfecta cuenta de lo insuficientes que eran en mi ausencia. Echaba de menos a mi hija; la decisión de viajar todos esos meses no la tomé a la ligera. Metí la tarjeta postal en un diario de tapas de cuero que había comprado unos días antes para tomar notas de mis viajes. Pensaba echarla al correo en el aeropuerto.

Tocaba hacer las maletas una vez más. Saqué mi viajada mochila del armario y vertí mis posesiones sobre la cama: dos pares de pantalones y de camisetas, ropa interior y calcetines, una chaqueta liviana, una camisa *sport* para las ocasiones especiales. Mis zapatillas deportivas completaban el minimalista vestuario.

Recogí la estatuilla de bronce de veinticinco centímetros que representaba a un samurái y que encontré cerca de la costa de Molokai. Para mí era una señal que me indicaba que mi destino era Japón, un destino largamente deseado en el que podría reunir conocimientos sobre las artes del zen y del *bushido*, el camino del guerrero. Buscaría también la escuela oculta que Sócrates me había retado a encontrar. Mi vuelo estaba programado para el día siguiente. Mientras organizaba la mochila metiendo mi diario, el samurái y por último mi

* En la cultura anglosajona representan «besos» (X) y «abrazos» (O) (N. del T.).

ropa, aún podía percibir el leve aroma del fértil suelo rojo de la pluviselva hawaiana.

Unos minutos después, me di cuenta de lo fácil que sería olvidarme de la tarjeta postal que había metido en mi diario, así que volví a abrir la cremallera y tiré de él, intentando sacarlo sin descolocar toda la ropa que había plegado esmeradamente. No se movía. Frustrado, tiré con más fuerza. Su broche debía de haberse enganchado en el forro de la mochila; oí y noté que la tela se desgarraba. Metí la mano y distinguí una protuberancia pequeña allí donde el forro se había desprendido de la lona exterior; saqué un sobre grueso en el que Mama Chia había escrito:

> Dan, Sócrates me pidió que te diera esta carta cuando yo creyese que estabas preparado.

«¿Preparado para qué?», me pregunté. Me imaginé a mi maestra hawaiana con su pelo plateado, su amplia sonrisa y su cuerpo grande envuelto en un floreado *muumuu,* el vestido tradicional hawaiano. Abrí el sobre, intrigado, y empecé a leer una carta de Sócrates:

> Dan, no existe otra cura para la juventud que el tiempo y la perspectiva. Cuando nos conocimos, mis palabras volaban a tu lado como hojas al viento. Tú estabas dispuesto a escuchar, pero aún no estabas preparado para oír. Tuve la sensación de que te habías topado con la frustración, una experiencia especialmente dura para ti debido a tu arraigada creencia de ser más inteligente que tus compañeros. Puesto que Chia te ha entregado esta carta, es probable que estés mirando hacia Oriente en busca de respuestas; pero si vas allí

como buscador que mendiga limosnas de conocimiento, recibirás tan solo nimiedades. Ve solamente cuando puedas aportar algo valioso a la mesa de la sabiduría. Y con esto no estoy simplemente poniéndome poético. Primero tienes que encontrar un libro que perdí en el desierto hace decenios.

«Esto tiene que ser alguna de las bromas de Sócrates –pensé, y me imaginaba su cara de póquer y el brillo de sus ojos–. ¿Quiere que le encuentre un libro en un desierto, en lugar de ir a Japón?, ¿y en qué desierto?». Se apagó un suspiro en mi garganta cuando seguí leyendo:

Siento como si lo que escribí en ese diario pudiera proporcionar un puente entre la muerte y el nacer de nuevo, incluso una entrada a la vida eterna. Estos son conocimientos que vas a necesitar antes de que esto acabe. No puedo estar seguro de nada, puesto que su contenido y su situación exactos están velados en mi memoria. La historia de sus orígenes está ligada a mi vida personal: nací en Rusia hace casi un siglo y me eduqué como cadete militar. Mucho tiempo después, ya en el camino del guerrero, me encontré con un grupo de maestros en la región del Pamir: un *roshi* zen, un sufí, un taoísta, un maestro de la Cábala y una monja cristiana. Me brindaron conocimiento y formación en las artes esotéricas, pero me hubiera costado años asimilar todo lo que aprendí. A los cuarenta y tantos años, hacia el final de la Primera Guerra Mundial, emigré a los Estados Unidos. Acudí a la escuela nocturna y aprendí a leer, escribir y hablar inglés tan bien como cualquier norteamericano. Después encontré trabajo en la construcción, luego en un taller de reparación de automóviles, para lo que tenía aptitudes. Me mudé a Oklahoma, donde mi hija enseñaba en un colegio. Después de pasar diez años allí, regresé a Nueva York.

Un anochecer, a los setenta y seis años, mientras caminaba por lo que ahora se conoce como Greenwich Village, me detuve bajo la marquesina de una conocida librería de libros antiguos, cuando una ráfaga de viento me obligó a resguardarme dentro. Como de costumbre, el tintineo de una campanita anunció mi llegada antes de que el sonido se apagase como si se lo hubiera sofocado con una manta. El olor a cerrado de miles de volúmenes llenaba el aire. Caminé por los estrechos pasillos, abriendo unos cuantos libros cuyas cubiertas crujían como articulaciones artríticas. Normalmente yo no recordaría ni contaría este tipo de detalles, pero lo que ocurrió aquella tarde dejó una vívida impresión en mí.

Mis ojos se vieron atraídos hacia la mujer más anciana que hubiera visto jamás, que estaba sentada a una mesa pequeña. Conforme la miraba, colocó la mano sobre lo que parecía un diario no muy grueso, del tipo de los que tienen una tira de cuero y un cierre con llave. Hojeó uno de los libros que había sobre la mesa, luego agarró un bolígrafo como si fuese a anotar algo. En lugar de ello, se giró y levantó la mirada hacia mí. Para tener una cara tan arrugada, sus ojos eran jóvenes, unos ojos que brillaban bajo sus espesas cejas; su piel era como el cuero de su diario. Podía ser hispana, o indígena americana, o quizá asiática. Su cara parecía cambiar con los vacilantes movimientos de la luz. Saludé con una inclinación de cabeza y me di la vuelta para irme, cuando oí su voz que me llamaba. Para mi enorme sorpresa, se refirió a mí por el mote de mi infancia, igual que me llamabas tú.

-Sócrates.

-Parece que usted me conoce, pero no logro reconocerla.

-Nada -respondió-, mi nombre es Nada.

-¿Se llama usted Nada?-pregunté.

Su sonrisa puso al descubierto los pocos dientes amarillentos que le quedaban.

Para ganar tiempo mientras me esforzaba por recordar un lugar o un momento en el que pudiéramos habernos conocido, le pregunté qué escribía.

Me puso la mano sobre el hombro y dijo con acento hispano:

-El tiempo es valioso. Mi trabajo está casi hecho.-Escribió algo en un pedazo de papel y me lo tendió-. Ven a verme mañana a esta dirección. Sabrás qué hacer. -Al ponerse de pie lentamente, añadió-: Ven temprano, la puerta tendrá el pestillo abierto.

A la mañana siguiente, poco después de amanecer, encontré el edificio de apartamentos en la dirección que ella me había dado; subí un tramo de crujientes escaleras y llamé suavemente a la puerta que había al fondo de un vestíbulo en sombras. No hubo respuesta. Me había dicho que no estaría cerrada con pestillo. Giré el pomo y entré. Al principio creí que el pequeño estudio estaba abandonado -estaba vacío excepto por una vieja alfombra y unos cuantos cojines- o que era la buhardilla de un monje zen o de una monja católica. Entonces oí música, tan suave que podía provenir de una habitación contigua o de mi propia mente. Vi el resplandor de una lámpara que había en una hornacina, pasé junto a una ventana abierta y noté una brisa fría. Encontré a la mujer echada sobre un escritorio, con la cabeza apoyada en los brazos. A su lado estaban su diario, abierto, y la llave del cierre. Se le había caído el bolígrafo de sus ancianos dedos. Su brazo estaba frío y tan seco como el pergamino. Allí solo quedaba una cáscara abandonada.

Cuando adelanté la mano para acariciar sus ralos cabellos, el sol de la mañana iluminó su rostro dándole un brillo etéreo. En ese momento la reconocí.

Yo tenía treinta y cinco años cuando conocí a Nada. Por entonces se llamaba María y era una mística cristiana española, uno de mis maestros de la reunión en el Pamir. Me había reconocido en la librería, casi cuarenta años después. Yo no había podido recordarla, así que se convirtió en Nada.

Ella sabía que su final se acercaba. Un sobre que había sobre el escritorio contenía algo de dinero, supuse que lo bastante para hacerse cargo de sus restos. En la parte delantera del sobre había garabateado tres palabras: «Cremación. Sin parientes». Eso y un número de teléfono. Metí el diario en mi mochila y me guardé la llave en el bolsillo. Tras mirarla de nuevo un momento y despedirme silenciosamente, salí dejando la puerta abierta.

Cuando volví a mi pequeño apartamento, me sentí como si me hubiera despertado de un sueño, pero el peso de su diario en mi mochila demostraba que era real. Después de utilizar el teléfono del recibidor para llamar al depósito de cadáveres, me senté con el diario, pero no lo abrí. Todavía no; no iba a tratarlo con indiferencia como si fuera una novelucha barata. A pesar de mi curiosidad por lo que esa monja mística pudiera haber escrito, esperaría a leerlo después de que hubiera esparcido sus cenizas.

Pocos días después, a primera hora de la tarde, recogí la pequeña urna que contenía todo lo que quedaba de María, ahora Nada.

Al amanecer del día siguiente entré en Central Park, caminé junto a la Umpire Rock y serpenteé hacia el norte, pasando por emblemáticos lugares y lagos que me eran tan familiares hasta que llegué al jardín botánico, que estaría cerrado todavía unas horas más. Trepé la verja y encontré un lugar tranquilo donde sentarme en un pequeño jardín de cactus rodeado de espeso follaje. Esparcí sus cenizas cuando el sol naciente relució sobre las plantas del desierto.

Tras un momento de silencio, saqué su diario y abrí el broche de cierre. El libro forrado en cuero se abrió por una página en blanco. Pasé la página. También en blanco. Hojeé todas las páginas. Todas estaban vacías.

Mi decepción inicial se volvió risueña cuando recordé el sentido del humor que tenía María en aquella época del pasado, y me preguntaba si ella habría sonreído ante ese detalle final, tan zen, de un libro en blanco. Cuando ella me dijo «sabrás qué hacer», al principio supuse que quería decir llamar al crematorio y hacerme cargo de sus cenizas; y que al decirme que su trabajo estaba casi hecho se refería a la vida bien vivida que acababa de terminar.

Cuando tomé el diario para cerrarlo, se abrió por la primera página, en la que descubrí una escritura garabateada apresuradamente bajo la fecha 11 de marzo de 1946, la noche de su muerte. En esa página vi dos cosas que ella escribió para mí en sus momentos finales. La primera era un cuento con el que ya me había encontrado antes. Esta vez lo leí con suma atención:

> Un mercader de Bagdad envió a su siervo al mercado. El criado regresó temblando de miedo.
>
> -Amo, me han empujado en el mercado, me he vuelto y he visto a la Muerte. Me ha hecho un gesto amenazador y he huido. Te suplico que me des tu permiso y un caballo para que pueda cabalgar a un lugar que conozco en Samarra en el que puedo esconderme.
>
> El amo le prestó un caballo y el siervo huyó.
>
> Más tarde, el mercader vio a la Muerte entre el gentío y le preguntó:
>
> -¿Por qué has amenazado a mi siervo?
>
> -No he amenazado a tu siervo. Solamente estaba sorprendida de verlo aquí, en Bagdad, cuando tengo una cita con él esta noche en Samarra.

Este cuento sobre la inevitabilidad de la muerte era comprensible, dada la edad de Nada y su aparente precognición de su defunción inminente, pero ¿por qué querría contármelo en sus momentos finales? La respuesta llegó al leer las últimas líneas al pie de la página:

> Querido: solamente el consejo de la muerte puede traerte de nuevo a la vida. Las páginas están en blanco para que las llenes con la sabiduría de tu propio coraz...

La palabra inacabada marcaba su último aliento. Entonces comprendí verdaderamente sus palabras cuando dijo «sabrás qué hacer». Me había otorgado tanto una bendición como una carga con su última petición y su enseñanza final.

Cuando cerré su diario y lo levanté, sentí como si estuviese sosteniéndola en mis brazos, como si su alma hubiese volado al libro desde su cuerpo.

2

DOS

¡Seguro que Sócrates no pretendía que yo fuese a encontrar un libro casi en blanco en el desierto! «Yo ya tengo un libro en blanco», pensé mientras le echaba una mirada al diario que había rasgado el forro de mi mochila, lo que llevó al descubrimiento de su carta. Mi diario también tenía un cierre con llave, como el que él había descrito, y a esas alturas parecía tan desgastado como me sentía yo en ese momento. Respiré profundamente antes de sumergirme otra vez en su relato:

«La sabiduría de tu propio corazón», había escrito ella. ¿Qué había comprendido mi corazón?, ¿qué había aprendido yo que mereciese la pena compartir? Al pedirme que rellenara las vacías páginas de este delgado volumen, Nada me había dado un propósito que iba más allá de la vida cotidiana, pero yo tenía pocas esperanzas de cumplirlo. ¿Podría escribir palabras de envergadura? La idea me llenaba de dudas. Sentado en aquel jardín de cactus con su diario abierto en mi regazo, no podía ni pensar en escribir en él. En lugar de ello, me vino la idea de que era hora de un cambio. Decidí que viajaría por todo el país, que atravesaría los desiertos del suroeste y que viviría el resto de mi vida en la costa oeste de los Estados Unidos. Después de haberme asentado en California, o quizá en Oregón, pensaría en poner la pluma sobre el papel. Durante los días siguientes hice la maleta con todo lo que tenía en el apartamento, visité la librería y me paseé por la ciudad por última vez; pero las referencias geográficas que me tenían absorto eran interiores. Las páginas de la memoria pasaban una a una. Eso me llevó a pensar en ti, Dan, y en los retos y las dudas a los que debes de haberte enfrentado tú también al intentar asimilar y plasmar en ti cuanto te he revelado.

Todavía me pregunto cuánto puede hacer una persona para ayudar a mejorar o a iluminar la vida de otra. Sé en carne propia que el mero conocimiento no se lleva las dificultades de la vida; pero un entendimiento más profundo y una perspectiva ampliada pueden ayudarnos a hacer frente a la adversidad con mayor ánimo y resistencia. La tarea que ahora pongo frente a ti -encontrar el diario que perdí- pondrá a prueba si el tiempo que pasamos juntos te ha servido de algo.

Esta carta era de Sócrates, sin lugar a dudas. Cuando la escribió, muy probablemente hacía solo unos pocos años, todavía estaba vivo y mantenía su agudeza mental. Sentí como si estuviese conociendo a su yo más joven por primera vez. «¿Qué le motivó a compartir su vida interior con tanta libertad? –me preguntaba–; a lo mejor el viejo me echa tanto de menos como yo a él».

Con ese pensamiento volví de nuevo a su carta:

Para ayudarte a comprender lo que tiene que ofrecer el diario, y cómo lo perdí, deja que vuelva a mi relato. Unos cuantos días después de salir de Nueva York llegué a Denver, en el estado de Colorado. Desde allí, unos cuantos viajes en autostop me llevaron al sur, hacia las montañas Sangre de Cristo, a través de Santa Fe, en Nuevo México. Me detuve allí algunos días antes de que alguien me recogiera para darme una vuelta por Albuquerque, desde donde planeaba dirigirme al oeste a lo largo de la Ruta 66.

A más o menos una hora al oeste de Albuquerque, quien me llevaba me dejó cerca de un pueblo indio y señaló hacia lo que dijo que era una escuela, calle abajo.

Cuando desapareció el polvo de la furgoneta, pude divisar en el horizonte unos cuantos bultos desperdigados que podrían haber sido un pueblo fantasma o un espejismo. Caminé en la dirección que me había indicado el de la furgoneta con idea de llenar la cantimplora antes de volver a la carretera.

Unos minutos después, tras pasar al lado de una gran roca de granito y de algunos cactus pequeños adornados con flores de color rojo amoratado -es extraño qué imágenes le vienen a uno a la mente-, llegué a una escuela de adobe de una sola habitación. Los niños jugaban en un patio polvoriento bordeado por un jardín bien cuidado.

Cuando estaba utilizando una bomba manual de agua para llenar mi cantimplora, una niñita se me acercó y se presentó. Me dio una excelente primera impresión al anunciar audazmente que algún día ella enseñaría en esa escuela. Menciono a esta niña porque me la volvería a encontrar. Pongamos que se llamaba Emma.

Regresé a la carretera y me recogieron para otro viaje a lo largo de un día, una noche y la tarde siguiente. En el silencio de las zonas desérticas, en algún lugar del desierto de Mojave, en Arizona, o quizá pudiera haber sido cuando me dirigía al norte hacia Nevada, pensé en Nada y sus cenizas en aquel jardín de cactus. Decidí acampar para pasar la noche a unos cincuenta metros de la carretera.

En algún momento me desperté aprisionado en una realidad alternativa, como si hubiera ingerido peyote o cualquier otra planta psicotrópica. Apareció un torrente de ideas inspiradas, así que me hice con el diario y empecé a escribir a la luz de la luna.

Al mismo tiempo, mi temperatura corporal subió y se instaló en mí un estado febril que echó a un lado mi mente consciente, de manera que los frutos de una mente más profunda se volcaron en las páginas. No podía seguir el ritmo de la riada de ideas; soy incapaz de recordar si las frases se formaban completamente o no, o si tenían sentido siquiera. Aturdido por la fiebre, seguí escribiendo, y no me daba ya cuenta de las palabras mismas ni de lo que me rodeaba. Me latía la cabeza; me sentía mareado y confuso. El desierto se había metido en mí y traía calor abrasador y luego escalofríos. «Samarra -pensé-, esto es Samarra». Solamente tengo impresiones oníricas de lo que sucedió después: recuerdo caminar desorientado por la carretera... escribir... dormir a la orilla de un río... escribir... tropezarme y caerme... escribir más... noche y día... Pasó un día, o quizá pasaron dos o tres, como las páginas de un libro, como las de su diario. Recuerdo haber salido trepando de un camión, aferrado a la mochila que contenía el diario. Es posible que hablase con un extraño, tal vez con más de uno. Sobre el diario y lo que había escrito, sobre la vida eterna.

En algún momento, quizá temiendo que alguien pudiera quitármelo o que yo pudiera derrumbarme en el desierto, debí de haber encontrado un lugar seguro donde dejarlo, con intención de regresar para recuperarlo. Es posible que ascendiese a una colina. Tengo impresiones de oscuridad y de luz, de un túnel, de un lugar elevado. Aparte de eso, nada.

La fiebre subía y bajaba. A veces me ensombrecía una cierta oscuridad. En otras ocasiones experimentaba momentos de claridad y rayos de luz. Una vez volví en mí mismo al dar un traspié en una carretera del desierto. Sí, creo que era el de Mojave. En Arizona o en Nevada, quizá cerca del límite entre los dos; no puedo estar seguro. Alguien me recogió, y luego alguien más. Debí de tropezar hacia el otro lado de la carretera, desde donde me llevaron al sur y luego al este, de regreso hacia Albuquerque.

Estaba tan perdido en mi fiebre que solamente podía recordar de dónde venía, y no hacia dónde iba. Me sorprendí a mí mismo más de una vez farfullando en alto y hablando con insectos y otros animales en medio de paisajes encendidos, reales o imaginarios. Un hombre de la zona apareció en este sueño despierto. De origen hispano, creo. Vertió agua sobre mi cabeza

Más tarde sentí un paño frío sobre mi frente y vi un techo blanco. Estaba en una cama limpia. Un médico joven me dijo que había estado a punto de morir y que estaba en un consultorio, o dispensario, al oeste de Albuquerque. Tal vez cerca de la escuela donde me había detenido a recoger agua.

Seguí débil algún tiempo, entraba y salía de la consciencia. Mi morral polvoriento estaba cerca, sobre una silla, con mis objetos personales. Hasta más tarde no me di cuenta de que el diario no estaba. Tenía la vaga sensación de que lo había ocultado, pero no recordaba en absoluto dónde.

Después de salir del consultorio, pensé en intentar encontrarlo y así poder leer lo que había escrito. Conforme me dirigía de nuevo al oeste, miraba por las ventanillas de automóviles y camiones al desierto que desfilaba ante mí, esforzándome por recordar dónde podría haber escondido el libro, buscando cualquier característica del paisaje que me resultase conocida, esperando alguna pista o impulso para darme la vuelta, para regresar.

Incluso después de haberme establecido en California, en Berkeley, esperé pacientemente a que saliese a la superficie alguna impresión,

> algún recuerdo; pero no pude reproducir el tiempo ni el lugar. Quizá es que no estaba destinado a ello. Esta carta es lo más largo que he escrito desde aquellos días en el desierto. Aparecen imágenes hasta cuando escribo: un lugar sombrío, un túnel, la piel de un hombre de la zona oscurecida por el sol, cortinas blancas, la voz de un niño.
> Sé que no te he dado mucho con lo que continuar, Dan, pero recuerda esto: «dondequiera que pises, aparecerá un camino».

«¿Que aparecerá un camino? –farfullé–. ¡Venga, Sócrates, tiene que haber algo más!»; pero de haber habido algo más él lo habría recordado y me lo habría contado.

Volví a pensar en la época que habíamos pasado juntos. En los raros momentos en que Sócrates parecía distraído, ¿era porque pensaba en el diario o en las palabras que no podía recordar haber escrito?

«Entonces, ¿dónde me deja todo esto?», me pregunté mientras daba un salto atrás a un momento de mi propia vida, justo antes de que mi motocicleta se estrellase contra el guardabarros de un Cadillac que había girado frente a mí y que me lanzó por los aires. Al chocar contra el asfalto mi pierna quedó destrozada. Todavía recordaba lo que pensé en aquel momento: «Esto no está ocurriendo». Ahora me invadía la misma sensación. Nada de ello tenía sentido. Sócrates no tenía ni idea de dónde escondió el libro, y aun así quería que yo lo encontrase. Volví al papel para ver el final de su carta:

> Lo que escribí en ese diario puede serte de gran ayuda, o puede que las palabras revelen solamente las ideas inconexas de una imaginación enfebrecida. El trayecto es una recompensa en sí mismo, Dan, pero

quizá encontrar el Tesoro también merezca la pena. Deja que tu luz interior te muestre el camino.

Felices travesías,

Sócrates

Conforme plegaba la carta y volvía a meterla en el sobre, pensé en la última vez que lo vi. Él estaba sentado en la cama de un hospital en Berkeley, con un aspecto bastante bueno, aunque ligeramente pálido, después de rozar la muerte. Tenía que haber escrito la carta en las semanas o los meses que siguieron, y se la envió a Mama Chia para que la custodiase.

Miré al exterior; el sol hawaiano convertía las hojas en esmeraldas pero mi atención estaba oscuramente envuelta en preguntas: «¿Por qué me ha encargado Sócrates esta tarea? ¿Es una iniciación, quizá una prueba? ¿Es su manera de pasar la antorcha? ¿O es que es demasiado viejo para encontrar el diario él mismo?». Cuando nos conocimos afirmaba que tenía noventa y seis años, y habían pasado ocho desde entonces. Yo podía sentir su presencia a pesar de eso, y me lo imaginaba limpiándose las manos manchadas de grasa en un trapo, o troceando verduras para hacer una sopa o una ensalada que preparaba para nosotros dos de madrugada, en la oficina de aquella vieja estación de servicio.

Su carta señalaba a Albuquerque y a una escuela y un dispensario que había cerca; pero el desierto de Mojave se extiende a lo largo de Arizona, Nevada y una porción del sur de California.

–Solo unos pocos miles de kilómetros cuadrados donde buscar –farfullé sarcásticamente como si él estuviese sentado frente a mí–. Claro, no puedo simplemente volar a

Albuquerque, seguir tus pasos dirigiéndome hacia el oeste, hacia el desierto, y luego empezar a cavar.

«O bien –pensé– puedo atenerme a mi plan y volar a Japón». Tenía el billete; estaba casi a mitad de camino de allí y a unos cinco mil kilómetros de los desiertos del suroeste, que se encontraban en la dirección *opuesta*.

Yo sabía que no podía visitar cada uno de los dispensarios de Nuevo México para intentar acceder a registros privados de hacía decenios. «Lo que Sócrates me pide no es que sea difícil, ya he hecho antes cosas difíciles, ¡es que es imposible!». Me encontré a mí mismo dando vueltas por la habitación del hotel, conversando de nuevo con el aire:

–Lo siento, Sócrates, ¡esta vez, no! No voy a pasarme meses jugando a don Quijote de las Dunas y mirando bajo cada piedra del suroeste. No puedo hacerlo; ¡no lo haré!

A pesar de eso, no podía desestimar lo que él había escrito: que sin el diario llegaría a Japón con las manos vacías, como «un buscador que suplica limosnas de conocimiento». Y nunca le había negado nada a Sócrates. Justamente entonces recordé una de mis trilogías favoritas, *El señor de los anillos*, en la que el pequeño Frodo se había impuesto contra todo pronóstico y contra la razón. «Pero eso es ficción –me recordé a mí mismo–, ¡y esto es la vida real!».

Una vez me dijo Sócrates: «Cuando la oportunidad llame a la puerta, ten las maletas preparadas». Mis maletas *estaban* preparadas... ¡para Japón! Todo estaba ya arreglado. ¿Qué habría sucedido si no hubiera encontrado su carta? ¿Qué habría ocurrido si se hubiese quedado oculta en el forro de mi mochila? Bueno, el hecho era que la *había* encontrado.

Exhalé un profundo suspiro y la introduje en mi diario en blanco, que volví a meter en la mochila.

Y dando vueltas se quedó la cosa: yo *quería* ir a Japón; *no quería* embarcarme en la búsqueda de un libro enigmático en el desierto. Sócrates me dijo en cierta ocasión: «Hay veces en que necesitas hacer justo lo que no deseas hacer». ¿Necesitaba encontrar ese diario?

Decidí consultarlo con la almohada; pero antes de quedarme dormido me recordé a mí mismo que debía enviar la postal a mi hija cuando llegase al aeropuerto de Honolulu: un lugar para las partidas, un sitio para las decisiones.

3

TRES

El derviche que giraba en mi mente debió de resolver sus asuntos durante la noche. Supe en el mismo instante de despertar que tenía que intentarlo; se lo debía a mi viejo guía, y acaso también a mí mismo. De manera que, para bien o para mal, su carta iba a cambiar mis planes y quizá el transcurso de mi vida. Tenía un pasaje abierto, lo que me permitió cancelar mi viaje a Japón y conseguir un vuelo a Albuquerque.

A mi llegada alquilé una vieja *pickup* Ford en una agencia de alquiler de vehículos con condiciones mínimas: un depósito en metálico, nada de servicio de asistencia en carretera y adiós muy buenas. Luego encontré una tienda de excedentes y artículos usados en la que cambié mis gastadas zapatillas deportivas por un par de botas de senderismo. Compré también un gran bolso de lona, una cantimplora, un sombrero de ala ancha, una brújula, una navaja, una linterna y un saco de dormir liviano, además de un pico y una pala plegables pequeños, protección solar y un libro sobre la supervivencia en el desierto, que ayudó poco a aumentar mi confianza. Tras introducir mis compras en el bolso de lona, lo eché en el asiento del acompañante. En un motel cercano encontré refugio para el persistente calor de primeras horas de la tarde.

Así que a los veintiocho años, en un día achicharrante de primeros de septiembre a las afueras de Albuquerque, caminé por las calles de la Ciudad Vieja en busca de gente de la zona que pudiera recordar los consultorios y dispensarios de los alrededores de hacía treinta años. Después de revisar en la carta de Sócrates lo que decía de la niñita que había visto, visité unos cuantos supermercados de alimentación natural y varias librerías alternativas para preguntar a los propietarios si conocían a una tal Emma, que ahora debía de tener treinta y tantos y que podría ser maestra de escuela. Supuse que alguien que se siente atraído hacia un personaje como Sócrates podría ser asiduo a lugares de ese tipo, incluso una niña. Pregunté también si alguien recordaba a un hombre llamado Sócrates, que podría haber pasado por el pueblo muchos años antes. Tenía poco más para seguir adelante.

Ninguno de los dependientes conocía a una maestra de la zona llamada Emma, y tampoco habían oído hablar de nadie que respondiese al nombre de Sócrates (aparte del antiguo filósofo griego). Callejones sin salida y páginas en blanco, unos detrás de otros. Hablé con esa Emma etérea en mi imaginación, llamándola a través del tiempo y del espacio, alcanzando ese lugar donde todos estamos conectados. ¿Dónde estás?

Después, esa misma tarde, en una tienda pequeña de discos, una mujer mayor vestida a la moda oyó lo que decía y me dijo:

—Perdone, ¿está usted seguro de que su nombre es Emma? Una vez conocí a alguien llamado Ama que enseñaba en la escuela primaria de las afueras.

En la parte occidental del pueblo encontré una pequeña escuela que tenía un cartel pegado con cinta en la puerta: «Cerrado por vacaciones estivales». Cuando llamé apareció una conserje que me informó: «Una mujer de nombre Ama enseñó aquí durante un trimestre, pero siguió adelante. Me parece que es posible que encontrase trabajo como profesora en una de esas escuelas pueblo* al oeste, alejada de la Ruta 66.

Cuando le di las gracias y me volví para marcharme, ya estaba levantando el teléfono de su escritorio. «Una señora atareada», pensé.

Debí de girar donde no debía, porque en lugar de encontrar una escuela llegué a una cabaña de adobe por la que ya había pasado antes una vez. Al acercarme a la entrada vi un cartel pintado a mano: «*Souvenirs*». Había mantas indias colgadas bajo un alero improvisado para dar un poco de sombra, bajo la cual descansaban varios objetos de cerámica y utensilios del desierto. En una bandeja vi piezas de ámbar, todas ellas con un escorpión o cualquier otra desdichada criatura inmovilizada dentro. Me estremecí al mirar los otros especímenes: una tarántula, una araña lycosa y la solitaria y mortal araña reclusa parda. Cada insecto y cada reptil tenía su etiqueta: escorpión corteza, escorpión látigo, escolopendra. En un estante al lado, un monstruo de Gila disecado mantenía la vigilancia. En otra caja vi una serpiente de cascabel diamantina muy bien conservada, un crótalo cornudo y la serpiente

* Nombre de una tribu india de la zona (N. del T.)

verde de Mojave, que es una especie particularmente venenosa. Todos esos moradores del desierto me hicieron preguntarme otra vez lo que estaba haciendo allí.

Me sobresalté cuando una voz dijo tras de mí.

–*Buenos días*,* ¿en qué puedo ayudarle?

Era la voz de Sócrates, pero al darme la vuelta vi a un viejo muy diferente, que tenía la piel de bronce de antepasados mexicanos o indios. Estaba sentado entre sus tesoros y miraba hacia el aire polvoriento mientras enhebraba cuentas en hilos que bordeaban una manta de colores vivos. Parecía tan seco como el desierto; me recordaba a la anciana monja que Sócrates había descrito en su carta.

–Esto, sí... bueno; busco a una mujer llamada Ama, creo que es maestra.

El viejo no dio señal alguna de haber comprendido. Se limitó a recoger otra cuenta con sus dedos lentos y elegantes.

Esforzándome por recordar el castellano que aprendí en el instituto, le pregunté vacilante:

–*Señor, ¿sabe usted... eeh..., dónde está... una escuela pequeña... y una señora..., eeh... con nombre Ama?*

Sus ojos se animaron y se sentó más erguido.

–*Ah, la señora Ama. Sí, una mujer muy fuerte, muy guapa.*

«Por supuesto que la conoce», pensé moviendo la cabeza ante la extraña coincidencia. Un rayo de esperanza.

–¿Dónde está...? –La lengua me trastabillaba.

–*Mi hermano* –me interrumpió–, como hablas en español tan mal como nadaba mi tío Brigante, que se ahogó en un río hace muchos años, será mejor que hablemos en inglés.

* En esta conversación las palabras en cursiva aparecen también en cursiva y en castellano en el original (N. del T.).

Le devolví la sonrisa.

–Sí, eso sería más fácil.

Adelanté la mano para estrechar la suya y me presenté. No se movió para estrechar mi mano y dijo:

–Al principio creí que eras griego.

–¿Por qué lo dice?

–Cuando hablaste me vino un nombre griego a la cabeza.

–¿Qué nombre?

Hizo una larga pausa antes de responder.

–¿Te gustan los acertijos? A mí me encantan. He planteado y resuelto muchos, de modo que déjame que te devuelva la pregunta. Nombra a un griego en tu cabeza y sabrás el griego de la mía.

Al alzar la mirada vi a través de la cabaña y de la ventana trasera: las afueras de Albuquerque se extendían a unos pocos centenares de metros, oscurecidas por la neblina del desierto. ¿Me había topado con el País de las Maravillas?

–Bien, Platón es un muy buen nombre griego.

–Un maestro de mucho mérito –respondió mientras miraba hacia el desierto–, pero para comprender a un maestro tienes que conocer al maestro del maestro.

Ese viejo *indio*, que hablaba perfectamente inglés a pesar de que le faltaban algunos dientes, estaba jugando conmigo. Bien que sabía él quién era el maestro de Platón, y bien que sabía que yo lo sabía.

–El maestro de Platón fue Sócrates –dije.

–Algunos me llaman Papa Joe, pero ya que has resuelto el acertijo del griego puedes llamarme *abuelo* y yo te llamaré *nieto*. –Miraba más allá de mí y adelantó la mano más o menos en mi dirección.

Antes de estrecharle la mano pasé la mía a un lado y otro frente a sus ojos y resolví otro acertijo.

–Ah, sí –dijo–, *ciego como un murciélago, listo como un zorro*. –Luego lo tradujo. Guiñó un ojo y añadió–: Muchos que ven con sus ojos siguen siendo ciegos para muchas cosas. Yo no tengo vista, pero aun así veo muchas cosas.

–¿Qué es lo que ve?

–Veo el lugar donde nacen los acertijos.

–¿Y qué es lo que encuentra allí?

–Ese acertijo te toca resolverlo a ti; pero te diré algo: mi vista echó a volar en la niñez; se volvió interior y elevó el vuelo para siempre. ¿Y cómo es tu vista, *nieto*? ¿Tienes ojos para encontrar lo que buscas?

La situación se estaba tornando extraña hasta para mí. Los dos éramos unos perfectos desconocidos y todo lo que yo había hecho era preguntarle por aquella mujer.

–De acuerdo, Papa Joe... *abuelo*. ¿Por qué no ponemos las cartas sobre la mesa?

–¿Te gusta el póquer? –me preguntó soslayadamente.

–Esto no tiene que ver con el póquer; tiene que ver con la vida.

–¿Y no son lo mismo? –me preguntó con una voz semejante a la del viejo Maestro Po, de la serie de televisión *Kung Fu*.

Yo estaba perdiendo la paciencia y le pregunté directamente.

–Usted conoció a Sócrates, ¿verdad? ¿Puede ayudarme a encontrar a una mujer llamada Ama?

–¿Por qué? ¿Por qué buscas a esa mujer? –me preguntó mientras sus dedos volvían a las cuentas.

–Creo que ya lo sabe. –Él seguía callado, de modo que continué–: Ella puede haber conocido a mi guía y amigo. Tengo la esperanza de que pueda ayudarme a encontrar... algo.

–Ah, estás buscando *algo* –me dijo con una mirada astuta–. Bueno, eso te va a resultar difícil. En el desierto hay muchos *algos*.

–¿Cómo sabe que está en el desierto? –le pregunté.

–Yo no veo; y aun así, veo. ¿Ves lo que quiero decir?

–Le gustan de veras los acertijos, ¿no?

–¿Me gustan? –respondió con otra sonrisa desdentada.

–Por favor, *abuelo*. Sé que esto le parece divertido, pero tengo que hablar con esa mujer, Ama, y luego...

–Comprendo tu pasión –me interrumpió–, posees el sentido de la misión. Yo no tengo más que sentido del humor. Después de vivir noventa años, los problemas de la juventud, lo que piensan los demás, encontrar el amor, conseguir el éxito... ya no me atañen. Lo que me importa es la diversión. Eso, y lo poco que sé de... *algos*. –Ensartó la última cuenta e hizo un nudo en el hilo. Una vez terminada su tarea, añadió–: Quizá pueda decirte algo sobre *esa mujer*, Ama.

–Eso sería de mucha ayuda...

–Pero primero te propongo un acertijo.

–De verdad que ahora no es momento para juegos, *abuelo*.

–La vida es un juego –dijo–, y ahora es siempre el mejor momento. Si no tienes tiempo para juegos, es que no tienes tiempo para la vida. Tú tienes que resolver una especie de acertijo, así que deja que un viejo se permita otra. Si lo haces, a lo mejor puedo ayudarte a encontrar a esa mujer. –Conforme hablaba, desató el nudo y empezó a sacar las cuentas del hilo.

–¿Y si le prometo volver inmediatamente después?

–Ah, pero no sabemos lo que vas a encontrar, ni si volverás o no, ni si mi alma se echará a volar mientras tanto.

–Comprendo; pero ¿comprende usted lo apurado que me siento?

–Me alegra oír que tienes sentimientos, *nieto*. Así es como sabes que estás vivo y que hay algo que te preocupa; pero los sentimientos no deben dirigir tu vida, ni la mía. Ya no me preocupan los dramas de este mundo, los he visto interpretar de muchas maneras. Ahora espero la muerte; entonces veré otra vez como veo en mis sueños.

–¿Cree usted eso?

–Quizá no, pero ¿quién sabe? Mientras tanto, cada nuevo día trae otra oportunidad de aprender y de servir a algún pequeño propósito. A lo mejor puedo ayudarte con el tuyo.

Miré las cuentas, que ahora estaban desperdigadas alrededor del hilo vacío.

–De acuerdo –dije resignado–, dígame ese acertijo.

–Es este –dijo inclinándose hacia delante–: ¿qué es más grande que Dios y peor que el diablo? ¿Qué es lo que los ricos no desean, los pobres tienen y si no lo comes te mueres?

–¿Cómo? –pregunté.

Papa Joe repitió el acertijo.

–Yo... de verdad no lo sé –respondí.

–Se supone que no debes saberlo, por eso se llaman acertijos –dijo.

Puse mi mente a trabajar en ello: más grande que Dios, pero también peor que el diablo. ¿Es un juego de palabras?

–¿El agua? –dije–. ¿Es el agua, *abuelo*? Quiero decir que Gandhi dijo una vez: «Para el hambriento, Dios es pan», de manera que a alguien que está en el desierto el agua puede parecerle más grande que Dios; o a quien se ahoga, el agua puede parecerle peor que el diablo.

–Buen intento –replicó–, pero no. –Volvía a enhebrar las cuentas en el hilo.

–Bueno, entonces supongo que...

–¡No supongas! –dijo–, espera hasta saberlo.

Me frustraba esa pérdida de tiempo. Repasé mentalmente el acertijo, me concentré, lo observé desde diferentes ángulos. No se me ocurría nada. Mientras tanto, Papa Joe fue ensartando una cuenta tras otra hasta que el hilo estuvo lleno.

–Me rindo –dije–, de todas maneras no puedo emplear más tiempo en esto...

–Tienes todo el tiempo que necesitas hasta que el tiempo se te acabe –señaló.

–Está bien –dije con rotundidad–, he reflexionado, meditado, deliberado y rumiado. Y no se me ocurre nada.

–¡Eso es! –exclamó, y su mano se alejó del nudo que acababa de hacer–. Eres más listo de lo que pareces –añadió con un punto de ironía–. La respuesta correcta es *nada*.

Tardé un momento en captarlo.

–¡Por supuesto! Nada es más grande que Dios, nada es peor que el diablo, los ricos no quieren nada, los pobres no tienen nada, y si no comes nada, te mueres.

Ciertamente, Papa Joe era más astuto que un zorro... porque aún podría haber otro nivel en el acertijo. De manera que tuve que preguntarle:

–*Abuelo*, ¿ha conocido alguna vez a una mujer llamada Nada?

Inclinó la cabeza, como si estuviese a la escucha de algo de su pasado. Sonrió.

–He conocido a muchas mujeres con muchos nombres.

Esperé. Tras una pausa, durante la cual solamente podía imaginarlo rememorando a alguna de aquellas mujeres, me dio indicaciones detalladas, por fin.

4

CUATRO

Una hora después, tras seguir las indicaciones de Papa Joe en el calor sofocante, me vi a mí mismo de vuelta en su tienda de *souvenirs*.

–No lo comprendo –dije secándome la frente–, ¡he hecho exactamente lo que dijo y he acabado donde empecé!

–¡Naturalmente! –se explicó volviéndose hacia mí–, no quería perder el tiempo diciéndote cómo encontrar la escuela hasta saber que puedes seguir las indicaciones. –Estalló en una risa tan efervescente que estuvo a punto de caerse de la silla. Cuando recuperó la compostura, continuó–: Como te he dicho, *nieto*, todo lo que me queda es la diversión.

Tomé aliento profunda y lentamente.

–Y ahora que ya he demostrado que tengo capacidad para encontrar los sitios, ¿estaría dispuesto a indicarme la forma de llegar a la escuela donde es posible que enseñe Ama?

–Por supuesto –dijo y señaló al oeste–. Sigue carretera adelante. Sal cerca de Acoma Pueblo. Busca los niños que ríen y juegan y ese día encontrarás a Ama.

–Gracias –le dije, más calmado–. Me encanta ver jugar a los niños. Yo tengo una niñita.

Al oír esto se iluminó.

–¡Un momento! –Se levantó de la silla y entró en la tienda. Al fin salió y me tendió una muñeca kachina revestida de cuero pintado de rojo y verde.

–Para *tu hija* –me indicó–. La llamo Mujer de Pie. Cuídala mucho: kachinas así pueden traer ayuda en tiempos de necesidad.

–Gracias otra vez, *abuelo* –dije mientras introducía la muñeca en un bolsillo lateral de mi mochila.

Se acomodó de nuevo en la silla y descartó mi agradecimiento con un movimiento de la mano y el habitual *de nada*.

–Tal vez lo vea otra vez.

–Es posible, pero no es probable que yo te vea –dijo, divertido como nunca por su propio ingenio.

Papa Joe y su tienda se achicaron pronto en el espejo retrovisor y luego desaparecieron. No dijo si había conocido a la vieja sabia Nada, pero por fin yo sabía dónde podría encontrar a la mujer llamada Ama.

La camioneta daba tumbos por el camino polvoriento junto a la carretera. Tomé nota mentalmente de comprar y enviar otra tarjeta postal a mi hija, pero ¿cómo iba a explicar mi presencia en el suroeste cuando ni yo mismo me la explicaba?

Unos minutos después avisté un cartel pintado a mano que decía «Acoma Pueblo». Y abajo, en letras más pequeñas: «Escuela elemental».

Dejé el vehículo al borde del polvoriento patio escolar y me encaminé a la puerta. Unos cuantos niños me miraron al entrar, sonriendo y cuchicheando entre ellos. Su maestra estaba de pie al lado de un viejo escritorio. En una placa de identificación hecha a mano se leía «Ama Chávez». La maestra, con lentes y rostro severo, parecía más joven de lo que yo esperaba y dijo con una voz estridente:

–¡Vista al frente!

Me saludó brevemente con una inclinación de cabeza y luego se dio media vuelta hacia una vieja pizarra y comenzó a escribir con una tiza que chirriaba. Mientras tanto, varios niños –supuse que de primer y segundo curso– volvieron a mirarme y me convirtieron en cómplice de su diversión.

Unos minutos después terminaron las clases. Antes de que tuviese oportunidad de hablar con la maestra, una niñita corrió hacia mí. Supuse que tendría unos siete años, la edad de mi hija. Llevaba el cabello recogido en una cola de caballo decorada con una cinta amarilla brillante atada en un lazo. Eso me hizo recordar un momento embarazoso en el que me quedé dormido mientras espiaba a Sócrates, para descubrir después que me había atado en el pelo una cinta parecida cuando yo dormía.

La voz de la niña me trajo de vuelta al presente:

–Me llamo Bonita, y eso significa linda en español y yo soy linda, ¿no crees? –dijo de un tirón. Y después de respirar profundamente continuó–: Bonita no quiere decir nada de nada en idioma hopi pero eso está bien porque yo no soy hopi; solo soy parte hopi y parte mexicana. Mi mejor amiga, Samatri, con la que me he enfadado hoy, dice que ya que soy hopi solo en parte entonces solamente soy linda en parte aunque mi nombre sea Bonita. ¿Cómo te llamas? –Me tendió lentamente la mano en un gesto muy femenino.

–Me llamo Dan y, sí, eres muy *bonita* –repliqué mientras estrechaba su mano delicadamente. Yo también respiré muy profundamente, lo que provocó su risita y que retirase la mano para taparse la boca.

–¿Cómo llamáis a vuestra maestra, Ama o señora Chávez? –le pregunté, señalando a la mujer que borraba la pizarra.

Imitando mi manera de hablar, Bonita susurró mientras la maestra se acercaba:

–Yo la llamo *dulce*; y ella es la maestra ayudante. –Cambiando a un tono más agitado, añadió–: La señora Chávez no está aquí pero volverá pronto porque he oído que tenía que hacer un recado. Creo que va a haber una fiesta sorpresa pero no es una sorpresa para nada. –Respiró hondo–. ¿Sabías que es mi cumpleaños y que el de Blanca es también hoy? ¡El mismo día!

–No, no lo sabía; hay muchas cosas que no sé.

–Te gustará la señora Chávez porque lo sabe todo –declaró Bonita.

Aproximadamente una hora más tarde, justo después de levantar las piernas para hacer el pino sobre el escritorio de la maestra, vi a una mujer cabeza abajo que entraba en la sala y llevaba dos bolsas de comestibles. Hasta desde mi posición invertida pude ver lo atractiva que era. Y lo más importante es que era real, ¡y estaba ahí! Volví a ponerme de pie enseguida; me sentía como un alumno al que han sorprendido haciendo una travesura y empecé a dar explicaciones.

Las rechazó con un gesto de la mano y dijo:

–Bonita me ha informado de que usted me buscaba. Podrá explicarme sus payasadas mientras preparo la decoración de la fiesta.

–Me han dicho que es un cumpleaños doble.

–Bonita es una *gran comunicadora* –señaló–. Llegará a presentadora de televisión. O a primera dama.

–Ya es una primera dama –dije mientras alargaba el brazo hacia una de las bolsas.

Ella dudó. Su lenguaje corporal enviaba un mensaje claro: *las manos quietas, forastero*; pero cambió de idea y me entregó la bolsa. A continuación se dirigió a un rincón en el que había un pequeño lavabo.

Coloqué la bolsa sobre el mostrador y dije:

–Señorita Chávez, espero que pueda ayudarme a encontrar algo que he estado buscando.

–¿Puede ser más concreto?

–¿Quiere que le haga un croquis?

Creí verle una leve sonrisa antes de que se apartase para sacar de la bolsa una tarta y adornos para la fiesta.

–Lo lamento, señor Millman, estoy tan hecha a ser maestra que he olvidado cómo hablar con invitados sorpresa que se dejan caer para ayudar en las fiestas de los niños.

Tenía razón, así que fui al grano. Mientras pegaba papel crepé azul y naranja a la pared con cinta adhesiva, dije:

–Tengo un guía al que le puse el nombre de un antiguo griego...

Noté sus ojos en mi nuca. Sí, había conseguido atraer su atención, de manera que le hablé de la carta, de cómo había recorrido la Ciudad Vieja preguntando aquí y allá y de Papa Joe.

–Me pidió que lo llamara *abuelo* porque...

–Porque es más viejo que Matusalén –dijo ella completando mi frase–. Lo conozco, y es posible que también me haya encontrado con su tutor alguna vez.

Se volvió y me miró directamente; en ese momento fue cuando noté que tenía un ojo azul y el otro marrón. Le quedaba bien.

–Me gustaría ver esa carta, la carta esa de Sócrates.

5

CINCO

Al ver mi reticencia, Ama añadió:

—No quiero leerla, solo quiero verla.

Metí la mano en la mochila, saqué la carta, la desdoblé con cuidado y le mostré la primera página y luego la última. Ella suspiró. Debo decir que fue un suspiro encantador, de modo que tuve que preguntar:

—¿Viven por aquí cerca usted y su marido?

Me miró maliciosamente.

—No me he casado nunca, pero tengo un amigo. Joe Lobo Acechante.

—¿Tiene un amigo que se llama Lobo Acechante?

—Es un buen amigo; es policía de la reserva.

«Pues hasta aquí llegaron mis fantasías —pensé—. Joe Lobo Acechante...». Abandoné rápidamente ese tipo de pensamientos y volví a enfocarme en el asunto que teníamos entre manos.

—En su carta, Sócrates describe a una niñita muy lista que conoció en una escuela.

Sonrió.

–Yo era una niña muy vivaracha, o al menos eso decía mi padre; pero no solo lo vi en la escuela, lo vi también en un pequeño hospital, que en realidad era un consultorio con dispensario y con unas pocas habitaciones. Sócrates se estaba recuperando de unas malas fiebres. Estuvo a punto de morir...

–Pero ¿por qué estaba usted allí?

–Mi padre era el médico principal. Había servido como médico militar y después de eso trabajó en hospitales, uno de ellos cerca de Santa Fe, y luego en el consultorio a pocos kilómetros de aquí. En todo caso, fue Papa Joe quien se tropezó con él y lo llevó al consultorio. Al parecer, Sócrates se había desplomado en los alrededores.

–Papa Joe no me lo dijo... ¿Cómo es posible que recuerde usted todo esto?

–Sócrates tenía su manera de impresionar, hasta a una niña de seis años. Me sostuvo la mano y me dijo que yo tenía energía y el don de curar. Llevaba un viejo morral desvencijado, como si fuera un vagabundo; recuerdo haberlo visto sobre una silla del hospital. Cuando dormía musitaba algo sobre ese morral, y sobre un libro o diario. Mi padre creía que eso eran solamente delirios de la fiebre. La mayoría de los días yo iba al consultorio después de la escuela a esperar. Es gracioso –añadió–, hasta que usted apareció no había vuelto a pensar en esto.

–¿Es posible que Papa Joe visitase a Sócrates en el dispensario? –pregunté.

–Tengo un vago recuerdo de verlos juntos. Es posible que viniera a comprobar el estado del hombre que había traído. Parecía que se llevaban bien. Eso es todo.

En la pausa que siguió volví a mis tareas decorativas mientras Ama preparaba la tarta y las servilletas.

–Usted puede ser nuestro invitado especial a la fiesta –dijo, y esta vez iba en serio–. ¿Le importaría llamar a los niños para que entren?

Al salir por la puerta vi que un par de chicos trepaban a las ramas bajas de un gran roble hacia una casita improvisada en el árbol. Otros niños jugaban en un columpio viejo. Mientras tanto, Bonita y otras dos niñas miraban a un niño más pequeño que intentaba hacer una pirueta lateral. Al acercarme a él y enseñarle la manera correcta de hacerlo, me rodearon inmediatamente todos los demás. Así que les enseñé a hacer piruetas laterales en aquel estrecho pedazo de césped al lado del roble, al sol del atardecer.

Unos minutos más tarde oí la voz de Ama, que llamaba:

–¡Venga, todo el mundo! Tarta y helad...

Los niños salieron disparados de mi lado y corrieron hacia su maestra.

–Creo que ya eran míos desde *tarta* –dijo mientras la seguía hacia el aula.

Cuando terminó la fiesta y Bonita y los demás niños se fueron a casa, Ama y yo nos sentamos fuera en un amplio columpio que colgaba de una rama del árbol.

–Un roble multiusos –dije señalando las ramas.

–Es su segunda aula. Joe ayudó a arreglarlo. No hay mucho dinero en el presupuesto de la escuela para casitas en árboles y columpios de porche reciclados. –Rio–. Ha sido muy amable de su parte enseñarles a los niños a hacer piruetas laterales. Lo recordarán.

La suavidad de su voz me dijo: «Acabas de ganar diez puntos y no me importaría que me besaras». Al menos así es como sonaba en mi calenturienta imaginación.

–Y ¿dónde *está* Joe Lobo Acechante estos...

Ella me preguntó al mismo tiempo:

–¿Cómo llegó a tener a Sócrates como tutor?

Me resigné a su cambio de conversación y me encogí de hombros.

–Supongo que por una de esas vueltas afortunadas que da la vida. Me alegro de que usted también lo conociera, muchos años antes que yo.

–Solamente cruzamos unas pocas palabras –respondió–, y la mayoría de las suyas no tenían mucho sentido.

–Entonces no ha cambiado mucho –bromeé.

Ella pasó por alto mi intento de ser ingenioso y continuó hablando:

–¿Sabe?, Sócrates me dijo algunas cosas que cambiaron mi manera de ver el mundo. Me encantaría saber algo más de él.

Así que, mientras el viejo columpio se balanceaba en la brisa fresca del atardecer, le conté unos cuantos momentos destacados de mis primeros días con Sócrates. Su curiosidad plantó la semilla de una idea en mi mente: algún día escribiría sobre la época que pasé con él y sobre lo que había aprendido... cuando al fin comprendiera lo que había aprendido. ¿Por dónde podría empezar siquiera?

Me levanté y saqué la carta de Sócrates de mi mochila. Al volver al columpio se la tendí.

–Adelante, léala. Creo que a él le parecería bien.

Conforme Ama iba pasando las páginas me senté otra vez en el viejo columpio y permanecí allí a su lado. Fue el primer momento desde que salí de Hawái en el que me sentí completamente relajado.

Cuando terminó de leer, apareció una estrella solitaria en el cielo del norte. Ella miró hacia arriba con los ojos muy abiertos.

–Hasta ahora no he sabido si el diario existía de verdad. Sócrates habló de él, pero sonaba como algo salido de un sueño.

–¿Dijo algo sobre dónde podría haber dejado el diario? ¿O sobre lo que podría haber escrito en él?

Ella miró hacia el horizonte, que se iba oscureciendo, como si pudiera encontrar la respuesta allí. Se volvió hacia mí y se puso en pie.

–¡Lo siento, Dan!, me gustaría poder decirle más. He disfrutado con su visita. Tengo pocos amigos con los que poder hablar de estas cosas.

–Aparte de Lobo Acechante –dije.

Sonrió.

–Sí, con Joe puedo hablar.

Llegó el crepúsculo; se acabó la clase. Nos dimos la mano, gesto que se convirtió en un abrazo breve y desmañado.

–Bueno, tengo que preparar unas cosas para la clase...

Yo también tenía que preparar algo: los deberes que mi propio maestro me había encomendado.

6

SEIS

Según caminaba hacia los matorrales del desierto que se iba oscureciendo, la luz del aula de Ama puso al descubierto un paisaje árido que resplandecía débilmente a la luz de la media luna. Oí el ulular de un búho en la lejanía, los correteos de un lagarto cerca y el chirrido de los grillos, estridente en el aire inmóvil. Me sentí errante y solitario, y notaba sombras de dudas que se emparejaban con un cielo cada vez más oscuro; se me erizó el cabello de la nuca. Me giré y vi la imagen de un hombre que surgía de las sombras. Cuando estuvo más cerca, la cara se me desencajó.

–¡*Abuelo*! –exclamé al ver su sonrisa desdentada–, ¿qué está...?

–¡Silencio! –dijo, llevándose un dedo a los labios–. ¿Quieres despertar al desierto?

–Ya está despierto.

–¡Tiene que estarlo, contigo pisoteando por ahí! Creí que había venido una banda de delincuentes a gastarnos alguna jugarreta –prosiguió mientras adoptaba una exagerada postura de artes marciales. Luego, ya más en serio, Papa Joe se llevó un dedo a los labios–. Puede haber otras criaturas cuya atención no tienes que atraer.

Ignoré su talento para el melodrama, hasta que dijo en voz baja con un movimiento distraído de la mano:

–¿Qué pasaría si hubiera otro hombre que también esté buscando *algo*?

Sentí cómo un escalofrío me trepaba por la nuca a pesar de lo cálido del atardecer. Miré alrededor, pero solamente vi arbustos de artemisa y el horizonte oscurecido. «¿Otro acertijo? –me pregunté–. ¿Qué es lo que sabe?».

–Si hubiera un hombre así, ¿cree que podría estar trastornado o ser peligroso?

–Es posible –replicó Papa Joe–, pero ya no le temo a la muerte, *nieto*... La espero. La muerte nos acecha a todos, y tiene mucha paciencia...

Por un momento, el sonido de su voz se debilitó mientras yo pensaba de nuevo en el cuento de Samarra.

–De todas formas, he visto mi muerte y no es a manos de un hombre así..., si es que existe –finalizó el viejo.

Me apoyé perplejo en la pared. «¿Por qué iba a buscar nadie más el diario después de todos estos años? –pensé–. A menos que al preguntar por la Ciudad Vieja...».

–¿Cómo me ha encontrado? –le pregunté en un susurro.

–Eso no es importante. Lo que importa es que estoy aquí.

–Pero ¿por qué? ¿Es porque tiene algo más que decirme de Sócrates?

–Quizá sí, quizá no. Eso depende de ti.

Suspiré, resignado.

–Conforme; oigámoslo.

–La información puede ser tan valiosa como una joya; pero ¿es cierta la información?, ¿es real la joya?, ¿cómo distinguirlo? Digamos que te dan tres bolsas, en cada una de las cuales hay veinte piedras preciosas idénticas. Una de las tres está llena de falsificaciones. La única pista que tienes es que las gemas reales pesan exactamente diez gramos cada una, mientras que cada una de las falsas pesa un diez por ciento más, once gramos. Dispones de una báscula, pero no una de esas de dos platillos, eso sería demasiado fácil; la tuya tiene uno solo. ¿Cómo descubres cuál de las tres tiene las falsificaciones pesando *una sola* vez?

–Aguarde, ¡eso no es un acertijo, es un problema de matemáticas! (Las matemáticas no han sido nunca mi punto fuerte).

Papa Joe no dijo nada.

Cerré los ojos e imaginé tres bolsas. Suponía lo que diría mi primo Dave, que era profesor de matemáticas. «Si saco una joya de cada bolsa –razoné–, esas tres joyas pesarán un total de treinta y un gramos, ya que una de ellas pesará un diez por ciento más de diez gramos... Con una joya de cada bolsa no se demostraría nada útil, pero... ¿y si sacase una cantidad diferente...?».

–Está bien –lo expliqué lentamente–: sacaría una gema de la primera bolsa, dos de la segunda y tres de la tercera. Seis piedras preciosas en total. La cantidad de gramos que sobrepase los sesenta gramos nos dirá qué bolsa contiene las falsificaciones: la primera bolsa (si la báscula marca sesenta y uno), o la segunda (si marca sesenta y dos), o la tercera (en caso de que marque sesenta y tres).

–¡Exactamente! –exclamó.

Volví a mi objetivo:

–Sé que ayudó a Sócrates hace treinta años, y que es posible que le dijera algo sobre lo que había escrito en un diario. A lo mejor sé hasta dónde lo escondió.

Su expresión era meditabunda.

–Debo buscar en mi memoria; quizá la próxima vez que nos reunamos pueda recuperarla.

Di pataditas al suelo con la punta del pie, frustrado.

–¡Ese no era el trato! He resuelto el acertijo; ahora le toca a usted darme algo...

Estaba solo; se había esfumado en la negra oscuridad.

Mi estado de ánimo se ensombreció al paso de la bandada de pensamientos derrotistas que me asaltaba: «En realidad, Papa Joe no quiere ayudarme. Es probable que el diario esté escondido para siempre. Es inútil; estoy perdiendo el tiempo». Recordé la época en la que Sócrates me hacía anotar en un cuadernito cada pensamiento pasajero que yo tuviera –como una especie de meditación literaria–, de manera que fuese consciente del río de pensamientos que pasaban a la deriva. Había dicho: «No se pueden controlar los pensamientos aleatorios, y tampoco es necesario. Deja que tengan su momento, y luego pon tu atención en algo que merezca la pena, como lo que vas a hacer después».

«Conforme, ¿y qué viene después?», me pregunté.

Mientras iba en la camioneta de vuelta al hotel, me vino una idea. Tendría que visitar otra vez a Ama al final de la jornada escolar.

****

Ama estaba borrando la pizarra cuando aparecí por la puerta. Sonreí al ver un rastro de tiza en su frente. Le dije súbitamente:

–Hay algo que quiero intentar...

–¡Dan! –exclamó, volviéndose hacia mí.

Su sonrisa me invitó a continuar.

–¿Estaría dispuesta a hacer algo en estado de trance?

Se echó el cabello hacia atrás y se dejó otra mancha blanca en la frente.

–Disculpe, ¿trance?, ¿habla de hipnosis?

–Podría ayudarla a recordar.

–No creo... –Dio un paso atrás; me di cuenta de que había estado muy cerca de ella.

–Lo siento –me disculpé, sintiéndome incómodo–. Olvido que acabamos de conocernos. Yo tampoco querría que me hipnotizase un extraño.

–No es eso –dijo–, es que no me han hipnotizado nunca.

–Algunos expertos –expliqué– creen que la mayor parte de la gente está normalmente en algún tipo de trance, o de estado alterado, gran parte del tiempo: viendo una película, leyendo un libro, meditando... Nuestras ondas cerebrales cambian constantemente. Mama Chia, una mujer que conocí en Hawái, trabajaba con los *encantamientos* y me guio por experiencias visionarias para transmitir enseñanzas a un nivel más profundo que el intelecto. Me enseñó que la mente subconsciente, que ella llamaba el *yo básico*, asimila más información de la que puede llegar a la mente consciente. Si me permite que la guíe a un estado de trance, le pediré impresiones a su mente subconsciente, incluso si no parecen importantes. Cuando desee volver a su estado normal de consciencia, podrá recuperarse rápidamente; pero es menos brusco si me permite que sea yo quien la traiga de vuelta.

Ama parecía escéptica. O quizá era solamente el sol en sus ojos, porque se sentó tras el pupitre de uno de los niños y me hizo el gesto de que me sentase en otro.

–¿Empezamos? –me animó.

–Bien, póngase cómoda... Eso es, inspire profundamente; ahora deje salir el aire. Otra vez. Bien. Sienta que su cuerpo se hace más pesado mientras mira la punta de mi dedo, aquí, justo por encima de sus ojos.

Unos minutos después, en respuesta a mis preguntas, Ama empezó a hablar suavemente, como si lo hiciera en sueños:

–Estoy sentada al lado de su cama. Le pongo un paño frío sobre la frente. Sus ojos se abren, habla en una especie de ensoñación y dice: «He escrito dos páginas..., cinco, diez, veinte... –Ama frunció el ceño y su habla se hizo más lenta–: Vino a mí... Parecía completo... Lo escondí... No sé..., un lugar seguro».

Tras mecerse adelante y atrás en su silla, Ama encontró un espacio en calma, allí mismo, en el dispensario del pasado.

–Ahora se sienta. Mira por la habitación, luego a mí. Dice algo de beber de la montaña; o de una fuente, no sé. Le doy agua. Da un sorbo y la rechaza. Sus ojos están abiertos, pero no está despierto. Dice: «Tengo que encontrarlo». –Con voz de niña, casi susurrando, Ama añadió–: Me mira directamente, pero no me ve. Dice: «Contiene la llave de la vida eterna; muestra el camino». –Suspiró, y había como un anhelo en su voz–. Ahora intenta salir de la cama. Parece inquieto. Dice: «Es posible que se lo haya dicho a otros..., no estoy seguro». Ahora está cansado, se recuesta, cierra los ojos. Espere, hay algo más... sobre Las Vegas, o cerca de allí. Entonces pronuncia de nuevo las palabras *montaña* y *agua*. Vuelvo a ofrecerle agua, pero la rechaza y repite *montaña* y *agua*.

Ama se sentó tan súbitamente que creí que había salido del trance.

–Una llave; veo una llave sobre una mesa. Y luego ya no está...

Se metió más profundamente, se transformó en Sócrates, pronunciaba sus palabras, adoptaba su tono de voz:

–Recordatorios de una verdad superior..., el yo y el no yo, la muerte y la no muerte..., confiar en el destino... Se aproxima un salto... Tengo que encontrarlo..., no sé dónde... ¿Dónde estoy? ¿Dónde estoy? –Silencio. Un ceño fruncido. Y luego–: ¡Espere!, el sol..., el sol..., el sol.

Tuve que suponer que todavía hablaba por Sócrates en una especie de conexión empática con el Sócrates que se enfrentaba al calor del desierto, o a la fiebre, o a ambos.

Era hora de traerla de nuevo a la consciencia diaria. Salió del trance desasosegada, con los ojos muy abiertos.

–¡Espere, espere! –dijo, absolutamente inmóvil. Algo pujaba por salir al filo de su memoria, algo estaba a punto de aflorar. Y entonces lo captó; pude verlo en sus ojos–. Dan, hace unos diez años, no mucho antes de morir, la memoria a corto plazo de mi padre empezó a fallar; pero sus recuerdos del pasado lejano me asombraban. Él tenía muchísimo más que mirar hacia atrás que hacia delante, de manera que me contaba cosas cuando lo visitaba. Cosas de su juventud, y a veces de sus pacientes.

»No solamente recordaba al hombre enfebrecido que se llamaba a sí mismo Sócrates, sino también a otro hombre, un hombre que había conocido a mi padre y que luego se convirtió en una especie de paciente... –Ama se sentó y esperó otra vez, y escuchó, y buscó sus propios recuerdos–. Casi puedo oír la voz de mi padre cuando me dijo que unas semanas después de dar de alta a Sócrates, llegó otro hombre al consultorio preguntando por él y por un libro. Incluso si hubiera sabido algo, mi padre no podía darle información alguna a ese hombre debido al secreto profesional; así que el hombre se marchó. Parecía decepcionado, incluso consternado.

»Eso habría sido todo, pero unos meses después aquel hombre volvió, esta vez suplicando que mi padre le dijera lo que fuera del libro o de su situación. Para ganarse su compasión y para explicar el interés que tenía, el hombre le contó que era jardinero de profesión, que acudía en su vehículo a un trabajo cuando se topó con un hombre que iba dando traspiés por la calzada. No podía consentir que nadie estuviera bajo el sol de mediodía, de modo que se detuvo y se ofreció a llevarlo. Enseguida se dio cuenta de que el hombre no estaba borracho, sino febril. Después de aceptar unos tragos de agua, el hombre fue mascullando con voz ronca algo sobre un diario que había escondido o perdido, y que ese libro revelaba una entrada a la vida eterna. Eso le pareció una locura al jardinero. Esa impresión se confirmó cuando el hombre alucinado aseguró que se llamaba Sócrates. Y cuando mi padre le preguntó qué edad tendría ese hombre, el jardinero afirmó que le dijo que tenía setenta y seis años, pero parecía al menos veinte y hasta treinta años más joven. El jardinero lo dejó cerca del consultorio de mi padre. Ahí debió de ser donde Papa Joe lo encontró.

»Unas semanas después, el jardinero tenía unos síntomas extraños y se hizo un chequeo en un hospital de Albuquerque. Le diagnosticaron ELA, esclerosis lateral amiotrófica, la enfermedad de Lou Gehrig, una patología neurológica mortal. Se le dio una esperanza de vida de entre uno y tres años. Mi padre me dijo que lo vio varias veces después de eso. El hombre quería un segundo diagnóstico, que no hizo más que confirmar el primero. Entonces pedía citas solamente para hablar: esperaba saber más de Sócrates y del diario, se aferraba a la esperanza. Cuando mi padre pasó de ejercer de médico a ejercer de consejero, le contó lo poco que recordaba haber oído años antes de aquel paciente febril; pero por lo general se limitaba a escuchar.

»El jardinero argumentaba que si ese tal Sócrates había dicho correctamente su edad, podría haber encontrado realmente alguna clave para la vida eterna. Por entonces él se había convencido de que su misión era encontrar al hombre febril y hacerse con el diario.

»La última vez que mi padre vio al jardinero, lo encontró muy débil y tenía dificultades para andar. Estaba obsesionado y le mostró a mi padre notas que había copiado de libros de la biblioteca acerca de los caminos místicos de sanación y de la búsqueda de la inmortalidad. De un antiguo alquimista persa que intentó crear un catalizador, que en árabe se llama *al iksir* y que se dice que produce la inmortalidad. Y de egipcios y de hindúes de los que se dice que ingieren ciertas gemas y que luego se recluyen en cuevas u otros lugares oscuros a esperar un proceso de rejuvenecimiento llamado *Kaya Kalpa*. El jardinero creía por entonces que el diario podría contener un mapa para encontrar la legendaria fuente de la juventud, o el hongo sobrenatural que se describe en algunos libros chinos, o la piedra filosofal que se menciona en una de las obras de Platón y que fusiona la tierra, el aire, el fuego y el agua para transformar a los seres humanos en inmortales. Recuerdo que mi padre decía que, alucinado o no, el jardinero había investigado mucho.

Ama hizo una pausa y a continuación prosiguió:

–Hay algo más... ¡Ah, sí!: cuando mi padre le preguntó por qué estaba tan desesperado por vivir. Dijo que tenía que sobrevivir por su hijo de nueve años. El niño lo era todo para él. Después de la muerte de su esposa, cinco años antes, había criado al niño él mismo. Creo que había una tía, pero... eso es: dijo que la tía trabajaba por la noche y dormía de día... –Ama suspiró–. No creo que mi padre conociera nunca al niño, pero este debió de ser testigo de la decadencia de su padre. Ya ni siquiera podía hacerse la comida, ni utilizar su vehículo, ni andar y, al final, ni siquiera respirar.

»Seis meses después, mi padre supo que el jardinero había muerto sin encontrar jamás al hombre ni el diario que él creía que podrían haberlo salvado. Pero mientras pudo hablar debió de contarle a su hijo lo de ese hombre, Sócrates, y el libro que mostraba el camino a la vida eterna. Mi padre creyó que el hijo del jardinero se acordaría...

»Bueno, eso es todo –terminó Ama, satisfecha, como si se hubiera liberado de un peso en su mente–. Los acontecimientos de esta triste historia impresionaron mucho a mi padre. Creo que me contó todo esto más de una vez.

Yo pensé: «En su trance Ama no decía "¡El sol..., el sol...!", sino "¡El hijo..., el hijo...!"».*

Sócrates había hablado realmente con un extraño sobre el diario y su contenido. Y casi con toda certeza el jardinero le había hablado a su hijo sobre su búsqueda. «Pero eso ocurrió hace treinta años –me dije a mí mismo–. El rastro se enfrió hace decenios. El niño habrá crecido, con seguridad habrá encontrado su sitio en la vida, y es posible que se haya mudado lejos y haya dejado el pasado tras de sí. Probablemente. Quizá».

La voz de Ama me trajo de nuevo al presente:

–Pensé que debía saberlo. Es todo lo que tengo. A lo mejor Papa Joe puede añadir algo más... Él es impredecible.

–Sí, ya me he dado cuenta.

–Creo que el diario está esperando a la persona adecuada. Creo que lo espera a usted, Dan. Espero que lo encuentre.

Nos quedamos sentados en el columpio unos minutos más en silencio, porque no quedaba nada más que decir excepto adiós.

Al alejarme de la escuela, por el espejo retrovisor vi a dos niños en el polvoriento patio, bajo el roble, haciendo piruetas laterales en el césped. Aparté los ojos del espejo y miré a lo lejos, hacia lo desconocido.

---

* En inglés, estas dos palabras -*sun* y *son*- tienen idéntico sonido (N. del T.).

7

SIETE

Un rato después giré hacia la polvorienta carretera de gravilla camino a la tienda de Papa Joe, con intención de preguntarle sobre sus comentarios y su acto de desaparición de la otra noche. La tienda estaba cerrada. Esperé casi una hora antes de marcharme, decepcionado pero decidido a seguir adelante. Era muy improbable que Papa Joe tuviese algo más que contarme, excepto más acertijos. Por entonces me sentía seguro de que el diario estaba a uno o dos días al oeste. Sócrates había mencionado el desierto de Mojave y Las Vegas.

Después de llenar hasta arriba el depósito de la camioneta, me dirigí al oeste por la Ruta 40 y la Ruta 66, que me conducían hacia las tierras yermas de Arizona y al final al desierto de Mojave, cerca del límite entre Nevada y California. Según viajaba pude imaginarme a Sócrates echando una cabezadita en el asiento del acompañante con los pies sobre el salpicadero.

–Entonces, Sócrates –dije en voz alta sobre la corriente de aire caliente que entraba por el triangulito lateral de la polvorienta camioneta–, ¿voy en la dirección correcta? ¿Caliente, caliente?

Una pregunta apropiada conforme el horno del desierto cambiaba de «asar» a «barbacoa». Abrí la ventanilla y saqué el brazo, pero las ráfagas de aire caliente no traían alivio alguno.

El resplandeciente calor me ayudó a entender a un afiebrado Sócrates que buscaba un lugar aislado y muy apartado del camino normal para esconder el diario. Pero la estrategia de «¿qué haría yo si fuera Sócrates delirando?» solamente me dio sed. Según los kilómetros pasaban volando, transité junto a mesetas, cactus y terrenos ondulados. La camioneta subió lentamente las cuestas empinadas y luego fue en punto muerto por las tierras altas bajo un chubasco antes de volver a las tierras bajas y áridas. A medida que viajaba por los vastos espacios de Nuevo México y Arizona, pensé en las familias de pioneros que avanzaban en carretas atravesando ese tramo de tierra inhóspita.

No era la primera vez que tenía la inquietante intuición de que alguien me vigilaba a distancia. Miré hacia delante a través del acribillado parabrisas a la larga carretera, luego al espejo retrovisor y por las ventanillas laterales a los matorrales. Todo lo que vi fueron escasos vehículos y esporádicas estaciones de servicio.

Hacia el anochecer me detuve a estirar las piernas y hacer mis necesidades. Luego seguí treinta kilómetros más antes de dormir intermitentemente unas pocas horas estirado en la parte trasera de la camioneta. Me desperté y seguí adelante con el refrescante aire de las primeras horas de la mañana.

El día amaneció caluroso. Continué hacia el oeste, ahora despacio porque oteaba el paisaje en busca de cualquier señal prometedora. Un espejismo en el horizonte se transformó en una gasolinera con tienda, muy real. Un espectáculo bienvenido. Me detuve y entré en el local.

Una vez dentro, después de hacer acopio de agua y unos cuantos tentempiés, estudié un mapa que había en la pared buscando cualquier característica geográfica prometedora alrededor de Fort Mohave. Tomé nota de Las Vegas, a unas dos horas al norte por la Ruta 95, que pasaba por el pueblo Cal-Nev-Ari, llamado así porque estaba situado en los límites de los tres estados, California, Nevada y Arizona, que confluyen en él.

Añadí otro litro de aceite y llené hasta arriba el depósito de gasolina y el radiador. Esa vieja estación de servicio, un oasis en la árida amplitud, tenía un sentido especial para mí, porque evocaba las muchas tardes que había pasado con mi viejo guía en Berkeley casi diez años antes: como la vez que Sócrates y yo entablamos una acalorada conversación sobre la diferencia entre conocimiento y sabiduría... Yo me preguntaba: «¿Ha cambiado el mundo, o lo he hecho yo?». Golpeteé el salpicadero a ritmo de una canción pop de la radio, momentáneamente elevado por una mayor sensación de propósito, e hice entrar con suavidad a la camioneta otra vez en la carretera.

Mucho después del anochecer encontré un motel económico cuyo ruidoso aparato de aire acondicionado instalado en la ventana hacía todo lo que podía para mantener el calor a raya.

Faltaban aún muchas horas para el amanecer. Me quité de encima el sueño con algunas flexiones de brazos y varias sentadillas hasta que el creciente calor hizo que el esfuerzo fuese insensato. Encontré un teléfono público en el vestíbulo y llamé a Ama, con la esperanza de que hubiese podido recordar algún detalle de la localización del diario. Como no contestó, llamé a mi hija. El teléfono sonó y sonó, y me recordé enviar otra tarjeta postal.

Me salté el desayuno continental del motel –tostadas de pan blanco y copos de maíz– y seguí hacia el oeste.

Una hora después, según miraba el mapa en una recta larga, una ráfaga de aire caliente lo arrancó de mis manos como un perro furioso y lo arrastró rápidamente por la ventanilla abierta hacia el desierto. No estaba dispuesto a frenar en seco para perseguirlo: ¿de qué habría servido? Los mapas solamente son útiles para quien sabe adónde va.

Tras unos cuantos kilómetros vi a un autoestopista. Reduje la marcha y advertí que llevaba un traje gastado, un traje en el calor del desierto. Me detuve en el arcén y bajé la ventanilla. No era tan joven como creí al principio, pero tampoco era viejo; quizá a mitad de la treintena, probablemente mexicano o mestizo. Percibí que bajo la chaqueta, que le venía grande, tenía una complexión enjuta y fuerte. Su pelambrera era negra y su rostro, muy bronceado y bien rasurado.

–Me llamo Pájaro* –dijo con una leve inclinación.

–Y yo soy Dan. ¿Quieres que te lleve?

Volvió a inclinarse.

–*Gracias*.** Siempre y cuando te dirijas hacia el agua.

* En castellano en el original.

** En las conversaciones entre Pájaro y Dan, las palabras en cursiva aparecen también en cursiva y en castellano en el original (N. del T.).

Cuando el autoestopista subió al vehículo, le pasé la cantimplora. Dio varios tragos discretos vertiendo agua en su boca abierta sin tocar el borde con los labios.

–Hablas bien inglés –dije–; ¿dónde lo aprendiste?

–Aquí y allá. Soy un hombre de negocios.

–¿Cuál es tu negocio?

–Compraventa.

–¿Algo en especial?

–Todo lo que vendo es especial. Lo que compro..., bueno, es más bien corriente. También soy guía del desierto.

«Hummm –pensé–, un guía del desierto sin comida ni agua y de pie en la carretera». Dejé que la ironía se sedimentase antes de preguntar:

–¿Y cuánto cobras como guía del desierto?

–Mi tarifa es simbólica y mi servicio es exclusivo –me explicó–, y solamente acepto un cliente cada vez. ¿Qué tal cinco dólares al día, más el agua y la comida?

–¿Adónde propones guiarme?

–Adonde sea que quieras ir. Conozco cada pueblo, cada montaña y cada parte del desierto –dijo sin falsa modestia.

–¿Cada parte del desierto?

–Todas y cada una, señor Dan. Sé dónde se esconden las serpientes, dónde están los peligros y cómo sacar agua del cactus saguaro...

«¿Por qué no?», pensé. Sócrates había escrito que podría encontrarme con aliados; y si yo iba a ser don Quijote en busca de ese sueño imposible, ¿por qué no contratar a un *compañero* de confianza?

–Conforme, Pájaro, trato hecho. Durante unos cuantos días, al menos.

Quité una mano del volante para estrechar la suya y cerrar el trato.

Viajamos en silencio; pasamos junto a mesetas y laderas rojas conforme la tarde arrastraba al sol hacia una cadena montañosa distante.

Cuando el cielo del oeste se puso naranja y rojizo amoratado, salí de la carretera polvorienta y acampamos. Pájaro indicó un lugar que nos proporcionaría abrigo para los frecuentes vientos del este y del sur y que nos ofrecería sombra para el sol naciente al este. Mi ánimo mejoró cuando el frescor del ocaso trajo algo de alivio. Avisado de antemano sobre las frescas noches que se daban en altitudes mayores, extendí mi saco de dormir en un sitio llano y comprobé que no había hormigueros ni otros ajetreos de insectos. Pájaro parecía contentarse con estirarse sobre su chaqueta.

¡Qué diferente me sentí en el desierto cuando me hice parte de él! Lo que a distancia parecía muerto y árido revivía de noche. Un dosel de oscuridad descendió sobre nosotros y Pájaro encendió una pequeña hoguera. Mirábamos a las chisporroteantes llamas. Oí aullar a un coyote, luego a dos o tres más. Pájaro me había preguntado antes qué hacía en esa zona; yo solo le dije que estaba en una búsqueda personal y que esperaba estar dirigiéndome en la dirección correcta. Miré al cielo cuajado de estrellas, que enseguida se disiparon en sueños.

A la mañana siguiente deshicimos el campamento temprano para evitar el sol. Yo me imaginaba que al estar más cerca de un pueblo encontraríamos un lugar donde comer y poner gasolina.

–Casualmente, conozco un lugar –me anunció Pájaro. Me indicó que me dirigiera hacia el oeste y, como era de esperar, tras unos treinta kilómetros aparecieron unos edificios diseminados y luego una vieja gasolinera junto a una pequeña cafetería. Yo sabía que tenía que encontrar otro mapa, a pesar de la autoproclamada maestría de Pájaro en geografía local.

Llené el depósito mientras mi guía limpiaba los cristales. Le di dinero: cinco dólares por los servicios del día, con algo extra para pagar la gasolina. Quedamos en que después se reuniría conmigo dentro de la cafetería.

Yo no necesitaba consultar el menú: el lugar olía a patatas fritas, café y tortitas. La camarera llenó dos vasos de agua; yo consumí el mío rápidamente y le indiqué que volviera a llenarlo.

Miré a los demás comensales de alrededor: una pareja, una mujer mayor, unos cuantos hombres de viaje de negocios... Y Papa Joe. Estaba sentado a la barra, a mi izquierda, y remojaba un pedazo de pan frito en un plato de huevos. Sacudí la cabeza, fui para allá y me senté a su lado. Esbozó una sonrisa, pero no levantó la mirada de su plato de comida.

–Muy bien, *abuelo*, tengo que saberlo. ¿Cómo...?

–Aquí para casi todo el mundo. Te recomiendo los *huevos rancheros*.

Unos minutos después, agradecí con un movimiento de la cabeza a la camarera por rellenar mi vaso una tercera vez e hice mi pedido. Miré por la ventana hacia los aseos, que estaban justo fuera, preguntándome qué retenía a Pájaro, pero me alegraba de tener un momento a solas con Papa Joe.

–¿Puedo pedirle algo más de beber? –le pregunté–. Parece tan seco como una pasa.

–Una limonada estaría bien –dijo– y, para pasar el rato hasta que te preparen los *huevos*, tengo otro...

Lo interrumpí:

–Ya se imaginará lo que me apetece otro acertijo, sobre todo si va acompañado de información casi inútil.

–Puedo imaginarme eso y más. De todas formas, podrías aprender algo útil tras este pequeño enigma: tengo muros de mármol tan blancos como la leche, forrados de piel tan suave como la seda; no hay muros en esta fortaleza y aun así los ladrones entran a la fuerza y roban mi oro. ¿Qué soy?

–Eso mismo me pregunto yo a menudo... Pero deje que piense: muros de mármol tan blancos como la leche...

–... forrados de piel tan suave como la seda... –repitió

–Un momento. Dijo que tenía muros de mármol, pero luego ha dicho que la fortaleza no tenía muros, y aun así los ladrones entran a la fuerza para robar su oro. ¿Cómo puede ser que haya muros, pero no haya muros? ¿Y cómo pueden entrar a la fuerza los ladrones si no hay muros? ¡No tiene sentido!

–Por eso es un acertijo, *burrito*.

La camarera trajo la comida y empecé a comer.

–Pero se puede resolver, ¿verdad?

–Por supuesto. Esta es fácil, la respuesta la tienes debajo de tus narices.

Miré hacia abajo y di otro bocado de... por supuesto...

–¡El huevo!

–¡Creí que tendría que cacarear y poner uno para que lo adivinaras! –dijo y se acabó la limonada sorbiendo ruidosamente con la pajita. Luego, posó el vaso sobre el mostrador con un golpe sordo y autoritario–. Pero ahora supongo que esperas más información.

–Sí, información de *su gran mina de oro*.

Se inclinó hacia mí con aire de conspirador y me susurró al oído:

–Es probable que encuentres ese diario donde se cierne el halcón, en un lugar elevado.

–¿Eso es todo?

–Bueno, ahora ya puedes evitar los lugares bajos. –Miró a izquierda y derecha como si pudiera ver, como si otros oídos pudieran estar escuchando, y susurró–: Y elige bien dónde depositas tu confianza.

–Aparentemente eso lo incluiría a usted.

–¡Por supuesto! –exclamó con otra sonrisa llena de dientes irregulares.

Recordé que Sócrates me había hecho la misma advertencia hacía años: me dijo que la confianza debía ganarse con el tiempo. Mientras tanto, Papa Joe miró a través de mí con sus ojos ciegos –una sensación perturbadora– y añadió otra advertencia de su cosecha:

–Estás en el territorio del desierto, *nieto*, presta más atención a lo que te rodea de la que le pusiste a tu comida. –Se deslizó de su taburete con una inclinación de cabeza y hábilmente se colgó del brazo de una camarera que pasaba.

Los miré mientras se dirigían juntos por el pasillo hacia los aseos.

A esas alturas parecía improbable que Pájaro se reuniese conmigo.

8

OCHO

Esa noche acampé sin mi guía del desierto, que había desaparecido tan misteriosamente como había aparecido. Di un corto paseo nocturno a la luz de la luna esperando que el desierto me susurrara sus secretos. Amplié mis sentidos hacia lo que me rodeaba, estaba alerta ante cualquier señal. Vislumbré un conejo, un búho y unos cuantos lagartos. El diario parecía estar aún muy lejos.

Me puse a gatas para observar unas hormigas que corrían desorientadas. Justo cuando mi cara estaba casi a ras del suelo, miré más allá de las hormigas y vi de lo que huían: la primera vez que veía de cerca a un escorpión. No un escorpión cualquiera, sino –como vi después en mi libro de supervivencia– un escorpión peludo gigante del desierto que se encaminaba a pasitos vacilantes en mi dirección. Me puse de pie de un salto y me alejé. Cuando llegué al campamento, el corazón se me salía del pecho.

Me tendí en mi saco de dormir, pero veía de nuevo al escorpión cada vez que cerraba los ojos. Ese aguijón, semejante a un látigo, despertó el recuerdo de la vez que Sócrates se refirió a mi activa imaginación como «un mono furioso picado por un escorpión». «Tal vez no sean los bichos los que me atemorizan, sino mis pensamientos sobre ellos», me dije. A pesar de la percepción me sobresalté varias veces más, como un mono furioso, para darle la vuelta de dentro hacia fuera al saco de dormir y sacudirlo. Ya satisfecho, en la soledad del desierto, contemplé el firmamento estrellado. Justo antes de que el sueño me venciera oí a un coyote y me di cuenta de algo: *en el desierto no se está nunca realmente solo; un millar de sabandijas andan por ahí, esperando*.

****

En ese lado sur del Bosque Nacional Kaibab del norte de Arizona, un chaparrón podía sacar a relucir una ondulación de colores: incontables formaciones de flores silvestres salpicadas de blanco, amarillo, azul, rosa, naranja, rojo y morado; hasta los cactus cola de castor y las chumberas se ponían sus mejores galas. Pero el calor se reafirmaba enseguida y aumentaba mi sensación de apremio. Para cuando crucé mi camino con un viejo de la zona en una gasolinera, me sentía tan desesperado que intenté un pase Ave María...* esperando una intervención divina. Le dije lo mejor que pude en castellano que estaba buscando un *libro particular*. Me respondió en inglés que conocía una buena librería en Flagstaff. Estaba claro que necesitaba tranquilizar mi mente.

La calidad de mi lógica siguió desenmarañándose conforme me animaba a mí mismo con trivialidades tan originales

* Pase largo, o bomba, en el fútbol norteamericano (N. del T.).

como: «Si no te preocupa dónde estás, nunca estarás perdido». Eso me hizo rememorar que Sócrates me recordaba frecuentemente que yo estaba siempre aquí, y que el momento era siempre ahora. «¿Y el diario? –pensé–. Siempre en algún otro sitio».

Mientras tanto, la camioneta tragaba aceite como un borracho en una juerga. Pasé resoplando al lado de una interminable formación de cactus y dunas de arena y a través de un breve chaparrón que se evaporó incluso antes de llegar al suelo. Según el manual, se trataba de un fenómeno de la región llamado *virga*. Me recordé a mí mismo que la exposición al sol era la causa más común de muerte en esa zona, lo que me hizo evocar el recuerdo intenso de mis desventuras a bordo de una tabla de surf a la deriva en el mar bajo un sol ardiente parecido. «Adondequiera que me dirijo, la muerte me recuerda a Samarra».

Sentí el impulso irracional de detenerme a un lado, sacar la pala y empezar a cavar. Me vi a mí mismo como un Dan la Rata del Desierto de ciento dos años, con la piel momificada y cavando su agujero número cien mil. Seguí adelante.

Solitario en la camioneta, vi que mis pensamientos derivaban una y otra vez hacia el pasado: a unos cuantos centenares de kilómetros de mi posición actual y siete años atrás, yo era un joven deportista universitario que competía en un campeonato nacional como si fuera lo más importante del mundo. Y supongo que en aquel momento lo era, al menos para mí. Ahora la vida tenía otras «importancias», como Sócrates las llamó en cierta ocasión: valores cambiantes, perspectivas alteradas.

Pasaron por mi consciencia otras imágenes e impresiones aleatorias –el parque de Tappan Square en el campus de

Oberlin...; surf sobre las olas de la playa de Santa Mónica, donde alcancé la mayoría de edad...– mezcladas con el rostro de mi hija elevando su mirada hacia mí. Vi luego las caras de Ama y de Kimo, un joven hawaiano que me mostró la cueva bajo el mar donde encontré el pequeño samurái de bronce. Eso hizo que me acordase de Japón, donde estaría en ese mismo momento si no hubiera encontrado esa carta de Sócrates.

Esa noche tuve un sueño estrafalario en el que mi viejo guía llevaba puesta una corbata estrecha, una camisa blanca y un chaleco... ¡y se encargaba de la mesa del juego del *blackjack* en un casino! Eso me pareció algo tan ridículo que me reí con fuerza y me desperté. Todavía con la sensación del sueño, me incorporé en mi saco de dormir. Eran las frescas horas de antes de amanecer. Hablé en voz alta con la garganta seca:

--¡No, Sócrates, no puedes hablar en serio!

Pero según Ama, Sócrates había mencionado esa ciudad, o algún sitio cercano a ella. No podía descartar ninguna posibilidad. Al fin y al cabo, los tejados de Las Vegas eran lugares elevados. ¿Quién sino un Sócrates delirante podría pensar en esconder un diario místico encima del casino de un hotel, oculto a plena vista donde no miraría nadie?

Incluso si la idea era improbable, necesitaba un descanso del polvo y del calor, así que desmonté el campamento, me dirigí al norte y me registré en un motel a pocas manzanas de la Franja* de Las Vegas. No era un centro turístico de lujo, pero era limpio, fresco y no tenía insecto alguno a la vista.

Me zambullí en la cama y caí instantáneamente en un sueño profundo.

---

* Sección de la calle turística principal de la ciudad (N. del T.).

9

NUEVE

A la mañana siguiente me despertó una limpiadora que llamaba a mi puerta.

–¡No hace falta limpiar... gracias! –voceé, antes de meterme en una larga y humeante ducha.

Hasta ese momento no me había dado cuenta de lo agotado que me sentía. Me afeité y me apliqué una generosa cantidad de la crema hidratante del motel. «Cuando estés en Las Vegas –pensé–, sigue las normas de la casa». Sócrates habría dado su visto bueno.

Ya en el exterior, me di un paseo por la piscina. «Deberían instalar más piscinas en el desierto», pensé con ganas de sumergirme en ella pronto.

En la cafetería del motel bebí dos vasos de zumo de naranja recién exprimido y me comí una macedonia de frutas, un panecillo inglés y unas gachas de harina de avena. Y un gofre de fresa. Más tarde agasajé a la vieja camioneta con un lavado y miré cómo se escurrían las capas de suciedad, polvo y mugre. Mientras esperaba, metí una moneda de veinticinco centavos en una de las omnipresentes tragaperras de la Sin City.* La máquina ronroneó, las imágenes giraron y cuando golpetearon nítidamente al detenerse oí el tintineo de monedas de veinticinco; no muchas, pero las suficientes para pagar el lavado del vehículo. A lo mejor mi suerte estaba cambiando.

Como siempre, la Franja estaba abarrotada de turistas que se encaminaban a los casinos de los hoteles o a las capillas de bodas que prometen sueños hechos realidad. La ciudad está rodeada por todas partes por el desierto y se asa bajo un sol abrasador; si se la dejara desatendida, volvería pronto a ser polvo y arena. Mientras durase repartiría riquezas y corazones rotos. Es un lugar donde uno puede llegar en un automóvil de veinte mil dólares y salir en un cacharro de cien mil.

Decidí echarme una siesta para cambiar al horario de Las Vegas. Como cualquier vampiro que se respete, la ciudad se despierta cuando oscurece y te hace olvidar quién eres por un rato; pero yo no podía permitirme olvidar. Ahora mismo el diario podría estar cerca, acurrucado en algún lugar.

Más tarde me moví a través de la muchedumbre del centro a las dos de la mañana, parpadeé por las luces y caminé por un agradable paisaje onírico de acero, neón y espesas alfombras. Los lujosos parterres y fuentes transmitían una sensación de permanencia, pero, como la mayor parte de la ciudad, todo era una ilusión.

Fui con la camioneta hacia las afueras para divisar su silueta en busca de los edificios más altos, donde tal vez Sócrates podría haber ocultado el diario; sin embargo, no pude

---

* «Ciudad del Pecado», sobrenombre de Las Vegas (N. del T.).

encontrar un solo hotel o casino que pareciera tener acceso al tejado. De manera que decidí que uno o dos días de descanso y relajación podrían refrescar mi perspectiva.

Jugué un poco al *blackjack* y algo a la ruleta. Veinte dólares más adelante, me di el capricho de ver la película de Mel Brooks *Sillas de montar calientes* en una sala de cine abierta toda la noche, y me olvidé de todo lo demás durante un par de horas de refrescante aire acondicionado y palomitas de maíz crujientes. De regreso al motel a última hora de la madrugada, me desvestí y bajé en ropa interior (supuse que se parecía lo bastante a un bañador), me zambullí en la piscina iluminada y nadé a espalda hacia la zona menos profunda. «¿Qué hora será? –me pregunté perezosamente mientras me desplazaba por en el agua–. Ay, bueno, Sócrates, esta la sé: la hora es ahora».

Un poco más tarde, ya por la mañana, el zumo de fruta que viajaba por una pajita desde un vaso de cóctel a mi boca me hizo sonreír, y también sonreí mientras flotaba durante una hora en una pequeña balsa hinchable en la piscina del motel, con esa sensación aceitosa de la crema de protección solar sobre mi piel. Ahí estaba yo, sonriente y atolondrado. La magia de Las Vegas convierte a un hombre en una ameba, deshaciendo así eras de evolución.

Continué con mi declive y esa noche me vi sentado a la mesa de ruleta de un casino. Jugué al número once, que no era la mejor de las jugadas teniendo en cuenta las probabilidades. Una apuesta discreta. Hacia medianoche y tras más apuestas perdidas, aún sentía lealtad hacia mi buen amigo el número once, así que insistí; alguna vez tenía que salir. Cuando solo me quedaban unas pocas fichas, oí un susurro: «Ponlas al dieciséis».

Miré a mi alrededor rápidamente, pero no había nadie cerca más que el crupier. Seguramente era una señal. Cambié la apuesta que me quedaba al número dieciséis. La rueda giró y la bolita finalmente se detuvo... ¡en el dieciséis! Iba a cobrar una considerable cantidad de fichas, cuando la voz habló de nuevo: «Apuesta al mismo». De modo que aposté al mismo. La bolita rodó, bailó y merodeó por el borde del dieciséis, pero finalmente saltó y cayó en el verde cero.

La voz habló de nuevo, y dijo: «¡Maldita sea!».

–¡Basta, ya está bien! –grité, poniéndome de pie y mirando al crupier, al que hice personalmente responsable de ese error de la justicia.

Estaba en el límite de renunciar a las apuestas para siempre y le di mi último dólar a una tragaperras. Me había dado la vuelta para irme cuando oí un tintineo de monedas, las suficientes como para financiar un buen duelo con el crupier del *blackjack*. Me había entrado la fiebre del juego. «¡Fiebre! –pensé de manera confusa–. ¡Seguro que es una señal!».

Durante los siguientes diez minutos, en un estado de ánimo filantrópico le doné casi doscientos dólares al casino. Mi esplendidez y mi tragedia personales pasaron desapercibidas para el crupier y para mis compañeros jugadores, que en aquel momento estaban tratando demasiado a fondo con sus propios dramas de vida o muerte como para preocuparse de los míos.

–Tengo que acordarme de apostar fuerte cuando voy a ganar y poco cuando voy a perder –le dije al crupier.

–Parece una buena idea.

Doblé la apuesta y perdí otra mano.

–Usted tiene los ojos de un santo, pero las manos de un enterrador –dije.

–Completamente de acuerdo –masculló un hombre a mi lado. Parecía que estaba cometiendo un suicidio económico, mientras su esposa miraba horrorizada y con la cara cenicienta. Casi podía ver el informe del forense: muerte por *blackjack*.

En la mano siguiente, el crupier tenía un rey a la vista y una cara que no revelaba nada más. Yo tenía quince, y según los expertos debía pedir otra carta; pero odio tener que pedir con un quince. Golpeé la mesa para pedir otra carta: un as. Estupendo, ahora tenía dieciséis. Según los expertos, otra vez tenía que pedir carta o las probabilidades eran de perder, en cualquier caso.

El *blackjack*, como la vida, a veces solamente ofrece dos alternativas: la mala y la peor.

Me resigné.

–Está bien, golpéeme.

El crupier me miró desconcertado.

–Golpéeme –repetí más alto.

Estaba allí plantado como si fuera sordo.

–¡Que me golpee! –grité.

De modo que me complació lanzando un gancho de derecha que me derribó del taburete. Sentí cómo mi cabeza giraba hacia un lado a cámara lenta mientras el asiento se inclinaba hacia atrás llevándome consigo.

En el instante mismo en que mi cabeza golpeó el suelo del casino, me desperté en mi habitación del motel.

Entrecerré los ojos y miré la radio despertador de la mesita de noche: las 4:12 de la madrugada. Revisé el bolsillo de mi mochila y recuperé el rollito de dinero para los «por si acaso» del viaje, que todavía estaba escondido a salvo. Mi sueño con la fiebre del juego tenía un mensaje claro: era hora de seguir adelante.

Antes de salir tomé un desayuno madrugador y pagué la cuenta del motel.

De regreso a la cabina de mi camioneta extendí el mapa. Al norte estaban la base de las fuerzas aéreas y el campo de tiro, que tenían algún terreno elevado; pero no estaba dispuesto a ir esquivando proyectiles de artillería mientras escudriñaba en los pequeños cráteres. Al este se encontraban el lago Mead y la presa Hoover. Era posible, pero no probable (como mi vida durante los últimos diez años). Al sur, la Montaña Negra y la sierra McCullough. Aquello parecía prometedor, pero no acababa de convencerme. Al suroeste, Fort Mohave y Needles, donde la Ruta 40 lleva hacia las cordilleras de Nopah y Funeral, con el monumento nacional del Valle de la Muerte al norte. ¿Qué mejor lugar para encontrar la vida eterna que el Valle de la Muerte?

Simplemente, no lo sabía. Era una noche oscura del alma. A pesar de mi adiestramiento previo con Mama Chia, estaba empezando a dudar de mi propia intuición. ¿Qué tenía para seguir adelante? Incluso si Sócrates hubiese señalizado exactamente una sola hectárea, ¿dónde cavaría? Ningún jugador que se respete hubiera apostado por algo tan improbable.

Dejé que mi mano se desplazara por el mapa...

Dos revelaciones coincidieron a la vez: conforme mi mano pasaba sobre un lugar llamado Cumbre de Mountain Springs, con una altitud de 1.675 metros, empecé a sentir un hormigueo en el cuello. No estaba seguro de qué quería decir eso, pero *algo* quería decir. Estaba solamente a una hora de Las Vegas.

La otra revelación tenía que ver con lo que había dicho Ama cuando estaba en aquel trance. Sócrates había repetido algo acerca de una montaña y del agua, pero a pesar de ello se negó a beber. ¿Es posible que no estuviese hablando del agua, sino de un manantial? ¿Un manantial de montaña?*

Aquella cumbre cuadraba con la descripción que hizo Sócrates del lugar elevado. Debería haber una cueva, o varias, y una vista del desierto a ojo de halcón. Tras conocer a la joven Ama de tantos años atrás, podría haberse adentrado tan al oeste antes de que la fiebre lo anulara. Como un destello en mi imaginación, vi una imagen de Sócrates ascendiendo una montaña. Podía distinguirlo sentado en un peñasco, lejos del mundo civilizado, enjugándose la frente sudorosa y escribiendo afiebrado con la concentración y la disciplina tan pertinaces que había mostrado tantas veces en Berkeley. Entonces, al darse cuenta de que iba a empezar a delirar, podría haber escondido el diario allí con la intención de recuperarlo más tarde. Es posible que lo hubieran recogido y llevado de nuevo al este, de vuelta a Albuquerque. Quizá había mencionado el último lugar que recordaba. Era una buena historia; podría haber ocurrido de esa manera.

El camino que posiblemente había realizado Sócrates hacia la Cumbre de Mountain Springs, y luego otra vez al este, solamente tenía sentido si se consideraba su confuso estado mental. Podría haber aceptado que lo llevara cualquiera, en la dirección que fuese. Era posible que alguien lo hubiera dejado cerca de la montaña. Entonces él podría haber partido por un camino que lo llevase hacia arriba, alejado de la carretera, a un lugar tranquilo donde los halcones pudieran elevarse. De manera que yo haría lo mismo.

* Mountain Springs puede traducirse como «manantiales de montaña» (N. del T.).

10

DIEZ

Empujado por el deber y la desesperación, me dirigí al sur y luego al oeste a través de esa marchita tierra de artemisas y plantas rodadoras del desierto. Me concentraba en la carretera que tenía delante y descarté la improbable idea de que alguien más pudiera estar buscando el diario. Así fue hasta que tuve la fuerte sensación de que me vigilaban. «Es posible –pensé– que sea la mirada de Sócrates lo que siento».

«Sigo siendo un imbécil», me dije, moviendo la cabeza por mi propia ineptitud mientras iba dando tumbos por el desierto. Era posible que una búsqueda infructuosa fuese la manera que tenía Sócrates de mostrarme que yo no estaba a la altura y que había desperdiciado su tiempo conmigo. Me había dado muchísimo y yo, que era un joven deportista universitario titulado, suponía que me lo merecía. ¿Cómo lo expresaba en su carta? Que yo creía ser «más inteligente que mis compañeros». Había ganado algunos campeonatos, tenía una licenciatura, me había casado, era padre, había encontrado un trabajo de entrenador y luego el puesto de profesor universitario. ¿A cuánto ascendía todo eso entonces? ¿Quién era yo, sino un solitario ensimismado en una misión de locos? Si pudiera encontrar el diario, sería posible que hallase una respuesta entre sus páginas.

Llegué a la Cumbre de Mountain Springs al atardecer y estacioné mi vehículo lejos de la carretera. Había comprado suficiente comida para varios días y llenado mi cantimplora (además tenía una botella adicional de reserva). Había vuelto a hacer la mochila. El pequeño samurái y mi diario personal, con sus notas desperdigadas, abultaban mucho, pero de todas maneras me los llevé porque no quería dejar atrás nada importante.

Miré hacia una cuesta pedregosa que estaba a unos cien metros de distancia y que era la única parte alta a la que Sócrates se hubiera dirigido si estuviese buscando aislamiento, si es que estuvo alguna vez allí. Crucé la carretera y caminé hacia lo que parecía el inicio de una senda. El único sendero que llevaba hacia arriba estaba bordeado a ambos lados por paredes empinadas. Esta quebrada, labrada por el tiempo y la erosión, sería un lugar vulnerable a las riadas repentinas y por lo tanto era peligrosa; pero en ese momento, bajo un cielo sin nubes, permitía un ascenso relativamente fácil, subiendo a través de una especie de escalera larga, de una roca pequeña a la siguiente.

Al empezar, el sol caía a plomo. Parecía un récord de temperatura hasta que me di cuenta de que el calor era interno, como una fiebre extraña. Confié en que no fuera del mismo tipo que había derrotado a Sócrates hacía tanto tiempo. Es posible que fuese mi imaginación combinada con el esfuerzo físico extremo. Me abrí paso hacia delante y hacia arriba.

Tras un ascenso de unos doscientos metros, la quebrada terminaba en un desnivel más suave, un paraje de suelo rocoso. Podía ver cuál sería el punto más alto que me otorgase una buena vista del desierto, una vista a ojo de halcón; pero ahora se extendían tres senderos frente a mí: uno a la izquierda, otro a la derecha y otro más, justo frente a mí. No tenía ni idea de por qué lado ir. Suponiendo que Sócrates hubiera ascendido la misma quebrada decenios antes, ¿qué camino habría tomado?

Me anegó una sensación de aislamiento, incluso de abandono. «Ayúdame, Sócrates –supliqué–, nunca me he sentido tan solo». Me dolía la cabeza.

Cuando pasó el momento de autocompasión, inspiré profundamente, di unos cuantos tragos de agua y me salpiqué un poco sobre la calurosa frente. Tenía que seguir adelante y confiar en mi instinto.

Justamente entonces vi a lo lejos, o creí ver, un movimiento fugaz en el sendero a mi izquierda. ¿Un ciervo, una cabra montés? Entrecerré los ojos a la luz del sol. No, era un hombre. Pude vislumbrar su cabello blanco. «¿Vestido con un mono de trabajo con este calor?», me dije. Regresé mentalmente al momento en el que seguí secretamente a Sócrates hasta el campus de la Universidad de California en Berkeley. La silueta me recordaba a él. Entonces desapareció.

Miré al sendero de la derecha y vi allí a la silueta. Era imposible, pero allí estaba, aunque empezó a titilar y a desdibujarse. Al mirar al sendero que estaba directamente enfrente, creí avistar algo otra vez. Izquierda, derecha, delante… Cada vez que miraba, la silueta estaba allí y luego desaparecía. Mi enfebrecida mente se esforzaba por comprender qué podían significar aquellas visiones.

Me senté, cerré los ojos y vertí más agua sobre mi cabello apelmazado de sudor. Mis dientes castañetearon por un frío súbito. «Qué irónico –pensé–, aquí, en esta gran altura me hallo en el punto más bajo de mi vida. No sé qué hacer, ni qué sendero tomar...». Entonces recordé a Sócrates, que me decía: «Tus habilidades analíticas son útiles; así también lo es tu sentido intuitivo de confiar en el que conoce en ti. Utiliza tanto el análisis como la intuición, *pero no al mismo tiempo*».

Aquí y ahora, el análisis no iba a llevarme a ningún sitio. No era algo cuya salida pudiese descifrar; tenía que confiar en el sentido interior que Mama Chia me había ayudado a refinar en la pluviselva hacía solamente un mes... Me levanté, cerré los ojos y desplegué el sentido de conocer... Abrí los ojos y miré el sendero de la izquierda, el de la derecha y el de enfrente. Tres siluetas del mismo hombre, tres imágenes fantasmales de mi viejo guía. Solo que esta vez dos de ellas titilaron y se desvanecieron. Quedó una. El sendero de la derecha.

Un sabio dijo una vez: «No puedo saber lo que realmente pienso hasta que vea lo que hago». De manera que me puse en marcha, como un hombre en llamas, y tomé el sendero de la derecha, el correcto, actuando por la fe, no por la vista. Aún podía ver la silueta a lo lejos. A veces me imaginaba que ganaba terreno, pero él aparecía más lejos. Cuando llegué a una meseta nivelada, la silueta había desaparecido.

****

Había estacionado la camioneta cerca de un cartel en el arcén que decía: «Altura de la Cumbre, 1.675 metros». Probablemente había ascendido unos cuatrocientos cincuenta metros y ahora estaba casi a dos kilómetros de la carretera. Allí no se oía más ruido que el del viento. Excepto por el esporádico avión a reacción que pasaba a toda velocidad por el cielo cerúleo, podía haber sido la última persona sobre la Tierra. Me encontraba en una planicie, que era uno de los puntos más altos en kilómetros. A pesar de la fiebre y de las dudas que me poseían, sentí que me estaba acercando a *algo*. Si me equivocaba tendría que seguir adelante, o volver atrás, o darme por vencido.

«¿Y ahora, qué?», pensé mientras caminaba de un lado a otro por la planicie. Esa silueta –tanto si era real como si era un *daemon* Sócrates en mi mente– me había conducido allí; pero ¿dónde miraría ahora? ¿Y cómo podría cavar más de cuatro o cinco centímetros en esa superficie, que no sabía si era de caliza o arenisca? «Debería haber prestado más atención en la clase de geología», me dije.

Sintiéndome de repente cansado y con la cabeza flotando, acampé en aquel lugar. Barrí los guijarros y extendí mi saco de dormir a unos diez metros del borde del risco. Luego gateé cuidadosamente hacia el precipicio, me tendí sobre el vientre encima de un saliente rocoso y miré directamente hacia abajo. Había una caída en vertical de unos ciento cincuenta o doscientos metros. Arrojé una piedra, que rebotó una vez contra un saliente de roca antes de desaparecer en el vacío. Esa precaria posición elevada me permitió una vista de las montañas y del desierto lejano.

El sol estaba casi ocultándose por el oeste, de modo que me preparé para la noche. Acurrucado en mi saco de dormir, a veces sudando y a veces helado, pedí otra señal al universo. No me esperaba una flecha pintada que apuntara hacia abajo e indicara «cava aquí» ni el típico augurio como el vuelo de un pájaro o una ráfaga de viento; esperaba algo que me deslumbrase.

Hay algo llamativo en las señales y los presagios: cuando buscas uno, aparece tarde o temprano. No tuve que esperar mucho.

Me desperté por la noche y estaba de espaldas, de cara al cielo estrellado. Cuando vi a cortísima distancia lo que me había despertado, me quedé helado. Mis ojos se pusieron bizcos al mirar más allá de la punta de mi nariz y ver el cuerpo segmentado y blindado de un escorpión verde sobre mi cara. Mis labios se contrajeron involuntariamente y el látigo de la cola apareció bruscamente a la vista cuando el insecto me picó entre las cejas.

Dejé escapar un alarido y sacudí a mi diminuto asaltante. Me golpeé la cara con tanta fuerza que creí que me había roto la nariz. Cuando intenté ponerme en pie, mis piernas estaban enredadas con el tejido de mi saco de dormir; el corazón me latía con tanta fuerza que podía sentir cómo la sangre me golpeaba dentro de la cabeza. Vi escabullirse a la criatura y me senté pesadamente. No era el saco de dormir lo que me entorpecía: no podía ponerme de pie, las piernas se me habían vuelto líquidas y la frente empezaba a palpitar.

Mi visión se hizo borrosa, se aclaró y luego se hizo borrosa otra vez. Empecé a temblar y me invadió una oleada de náuseas. En un momento estornudaba y en el siguiente bostezaba; parecía que mi corazón se saltaba latidos. Me tumbé otra vez, caí en un sueño febril y rodé hacia un lugar de sombras y formas que ondulaban en la oscuridad.

Me senté, o soñé que lo hacía. La planicie adquirió un resplandor rojizo. Brinqué para ponerme en pie, ya no me molestaba la picadura del escorpión. Vagué por el fantasmal paisaje a la luz de la luna; mis pasos no producían sonido alguno. Apareció un zorro de la nada y volvió lentamente la cabeza. Antes de desvanecerse entre las sombras, su hocico señaló a un árbol solitario, marcado por el rayo, que se hallaba no lejos del borde del precipicio.

En el instante siguiente, una ráfaga de viento, real o imaginaria, sopló con tanta intensidad que me derribó. Al sentarme, el árbol solitario había desaparecido, lo mismo que mi fiebre. Caminé hacia donde se había mostrado el zorro, a menos de tres metros del precipicio. Para mi asombro, el minúsculo brote de una planta atravesó la superficie de piedra directamente frente a mí y creció rápidamente, como si el tiempo se hubiera acelerado. Brotó un tallo largo y delgado, semejante a una trompeta. Me pasó un pensamiento por la cabeza: «La trompeta anuncia la llegada...».

La punta del tallo se abrió y floreció, revelando entre sus pétalos un libro viejo... delgado, con una cubierta de cuero rojizo y un cierre de metal. Adelanté la mano lentamente hacia él...

11

ONCE

Me desperté musitando las palabras «tengo sed..., tengo sed». Emergía del sueño, o de la visión; me palpé la frente y eché mano a la cantimplora. El sueño monopolizaba mi atención mientras saciaba mi sed. Tenía que estar allí, bajo mis pies. Pero el diario no estaba enterrado bajo mis pies, estaba esperando *en* la montaña oculto en una cueva, como una fuente de agua sagrada.

Aunque aún me sentía tembloroso por la tremenda experiencia de la noche, gateé hacia el borde del risco y miré por encima una vez más. Ahora ya sabía qué buscar. Mi corazón se aceleró cuando avisté una hendidura profunda a unos dos metros y medio bajo el saliente: quizá era la entrada a una cueva.

Sócrates había dicho una vez que «en el combate y en la vida, si empiezas a pensar demasiado estás muerto». Había llegado el momento de pasar a la acción. Con esa resolución se disiparon mis dudas. Me senté un momento, respiré despacio y profundo como Sócrates me había enseñado: no haciendo entrar aire simplemente, sino inhalando luz, energía y fuerza. Cuando me sentí preparado, me eché la mochila al hombro y me desplacé sobre el borde del precipicio.

Colgué precariamente del promontorio rocoso durante unos segundos; la hendidura estaba más o menos a medio metro bajo mis botas. Desde ese punto podía ver con claridad que la sombra de abajo era indudablemente la abertura de una cueva. Justo debajo de la entrada había un pequeño saliente. Si me soltase, ¿aterrizaría allí? Mi instinto de gimnasta dijo que sí.

Empecé a balancearme suavemente hacia delante y hacia atrás. Un balanceo más y mis dedos se soltaron. Me arqueé y aterricé sobre el saliente, pero el peso de la mochila estuvo a punto de arrastrarme de espaldas al vacío. Lancé las caderas hacia delante y recuperé el equilibrio; después gateé hacia la cueva, hacia la montaña.

Estaba jadeando y entusiasmado; mi corazón era un tambor que batía entrecortadamente. Era una sensación que había experimentado en muchas ocasiones en el pasado cada vez que aterrizaba en una salida nueva y peligrosa de la barra fija. Examiné mi cuerpo en busca de cualquier dolor o herida, pero no encontré nada. De modo que me levanté, ligeramente encorvado, y miré alrededor. Pensé: «Sócrates eligió este lugar, oculto para todos, menos para las aves de presa –donde se alza el halcón– y protegido de la intemperie».

Continué gateando hacia delante, tanteando el camino hacia el interior de la cueva débilmente iluminada. A medida que se iban adaptando lentamente mis ojos, vi algo colocado sobre un estante de piedra. Me aproximé. Era el diario. Los ojos se me llenaron de lágrimas al inundarme una mezcla de agotamiento y euforia, renovando la fe en mí mismo y en la maravilla de la vida. Alargué los brazos y agarré el diario con las dos manos para asegurarme de que no era una espejismo. Sentí el alma de la anciana que se lo había confiado a Sócrates tantísimos años antes, y también algo de la de él. Lo abracé contra mi pecho suavemente, a la manera que uno puede sostener a un recién nacido. Era verdad, lo había encontrado.

Me permití saborear un momento de júbilo, de plenitud.

Yo sabía que momentos así no duran mucho. «Las emociones pasan como las condiciones meteorológicas», me había recordado Sócrates una vez. El sentimiento de pura alegría persistió unos diez segundos.

«Y ahora –pensé–, todo lo que tengo que hacer es encontrar un camino de regreso...». Ahí me di cuenta de que había estado tan decidido a *meterme en* la cueva que no había considerado cómo iba a *salir de* ella. Aunque me puso los nervios de punta, había sido relativamente fácil dejarse caer: la gravedad había hecho la mayor parte del trabajo; pero ahora tenía que salir trepando.

Dejé el diario donde lo encontré, gateé de vuelta a la abertura de la cueva y miré hacia arriba. El saliente que estaba a tres metros por encima, un afloramiento que sobresalía medio metro de una escarpada cara rocosa donde no había asideros a la vista, parecía ahora infranqueable, tal vez imposible.

No podía permitirme considerar que podría ser inescalable, al menos para mí; pero después de sopesarlo tenía que enfrentarme a la posibilidad de que podría morir atrapado en la cueva, o de una caída mientras intentaba trepar. «Un acertijo –pensé–. Está bien, ¿qué me aconsejaría hacer Papa Joe?, ¿o qué haría ese bergante de Sócrates, que me ha metido en este aprieto?».

Pospuse la decisión, o emprender cualquier acción impulsiva. Me senté en la boca de la cueva con los pies colgando del borde, con el diario y la mochila muy por detrás de mí. Miré el panorama que tenía ante los ojos y contemplé a lo lejos el vuelo en espiral de un halcón que volaba sobre una corriente térmica ascendente. Estiré el brazo hacia atrás y recogí el diario; me preguntaba si me podría ofrecer algo de la inspiración que necesitaba, o una clave para escapar...

«De todas maneras, ¿dónde está la llave?», me dije. Gateé de vuelta hacia el interior de la cueva y busqué en el estante y en el suelo, pero no encontré nada.

Pensé que la llave de mi propio diario podría abrirlo. Me senté otra vez en la boca de la cueva, metí la mano en un bolsillo lateral y saqué la llave. Mi mano temblaba de nervios al intentar abrir el cierre. Empujé y giré la llave con más fuerza, y ahí fue cuando se me resbaló. La vi caer, rebotar en el suelo de piedra y salir volando sobre el borde. Yo estuve a punto de caer también, al estirarme para alcanzarla según rebotaba en un saliente y desaparecía de la vista con una irrevocabilidad exasperante.

Pensé en las palabras de Papa Joe: «Tienes todo el tiempo que necesitas hasta que tu tiempo se acaba». ¿Se me había acabado el tiempo? ¿Había llegado hasta allí solamente para quedarme a tan pocos centímetros de un futuro? No podía creerlo, ¡no lo creería!; no si tenía en mis manos una clave posible para la vida eterna. (La ironía era insoslayable, como también lo era la cueva, al parecer). En un momento de pánico empecé a respirar agitadamente.

Al momento siguiente recordé lo que un buzo de la Marina me contó una vez: en un fallo del sentido común, se metió solo en una cueva submarina sin atarse el cordel de nailon enganchado al exterior que debía indicarle el camino de salida. La inmersión había parecido sencilla, hasta que se vio en una cueva pequeña y perdió de vista la abertura por la que poder salir. Empezó a sentir pánico conforme en su imaginación la cueva se transformaba en una tumba subacuática. Su entrenamiento y una mirada al contador de la bombona lo calmaron: le quedaban veinte minutos de aire. Respiró lenta y profundamente y se dio cuenta de que las burbujas de aire se arrastraban directamente hacia abajo, lo que significaba que estaba sentado en el techo de la cueva. Regresó al suelo y luego nadó despacio alrededor del perímetro hasta que el agujero de entrada/salida apareció. Encontró la salida cuando le quedaban diez minutos de aire.

Yo tenía aire más que suficiente y tiempo en abundancia; solo necesitaba una solución. Recordé que un amigo se burló de mí una vez por creer en los milagros. «Yo no creo en ellos –le dije–, confío en ellos». En ese preciso momento necesitaba uno.

Así que me planteé una pregunta que había repetido en varias ocasiones durante los últimos diez años: «¿Qué haría Sócrates en esta situación?». Y luego pensé: «Un momento... ¿Qué fue lo que hizo? ¿Cómo logró entrar y salir de este lugar un hombre enfebrecido de setenta y seis años?».

Una solución posible apareció, una vez más, por medio de un escorpión. Lo vi mientras se escabullía por el suelo de la cueva y se adentraba hacia la oscuridad. Lo seguí, manteniendo una distancia respetuosa, y encontré que la cueva era mucho más profunda de lo que había visto al principio. ¡Sócrates no podría haber salido trepando! La cueva debía de llevar a alguna parte.

¡Por supuesto! Seguro que la cueva tenía otra entrada. Y otra salida. Tenía que haber una forma fácil de salir.

Esperanzado, y también mareado, decidí rehacer la mochila. Saqué cuidadosamente todas mis pertenencias a la tenue luz y coloqué en ella el delgado diario de Sócrates, seguido de ropa variada, mi propio diario, el samurái y la muñeca kachina. Con la mochila al hombro y la linterna en una mano, gateé hacia el interior. Me moví hacia delante y hacia arriba a través de un túnel que se iba estrechando. Y siempre atento a los insectos.

Los espacios estrechos eran lo único con lo que yo disfrutaba aún menos que con los escorpiones y las arañas. Noté que el techo descendía hasta que el espacio para gatear fue tan limitado que tuve que esforzarme para poder quitarme la mochila, enrollar las correas alrededor de una de mis botas y dejar que fuera arrastrando tras de mí unos cuantos metros hasta que el techo se elevó una vez más. El alivio se transformó en euforia cuando vi por delante unas nítidas marcas de luz solar. Apagué la linterna y gateé hacia delante.

En lo que fue uno de los grandes chascos de mi vida, vi que donde había existido alguna vez una gran abertura, ahora yacían un montón de grandes rocas. La luz solar que había visto venía de unos pocos rayos que penetraban entre grietas y fisuras, a través de las que pude divisar un cielo azul al otro lado. El escorpión apareció otra vez, pasó despacio a mi lado y salió al aire libre a través de una pequeña abertura. Otra abertura a la altura del pecho me permitió sacar un brazo, pero nada más. Debía de haberse producido un corrimiento o un derrumbe durante los años que pasaron desde que Sócrates escondiera el diario.

En un brote de esfuerzo explosivo y desesperado intenté mover aunque fuera una de aquellas rocas, pero se habían asentado tan firmemente que no pude, ni siquiera utilizando el pico como palanca. ¡Tan cerca, y aun así tan tremendamente lejos! Golpeé la roca y grité de frustración.

Recordé lo que me contó el buzo, así que me calmé, me di la vuelta y volví por donde había venido. No se podía hacer otra cosa.

De vuelta a la entrada de la cueva, me asomé sobre el precipicio y eché otra mirada acantilado arriba para ver si había algo que pudiera proporcionarme un agarre. No vi nada.

Todavía tenía el pico. Me asomé e intenté picar con él, pero tenía poco recorrido y apenas podía ver lo que estaba haciendo. Tras numerosos intentos de astillar la roca para hacer un asidero, miré hacia arriba y vi que apenas había conseguido hacer una marca en la piedra maciza a medio camino hacia el saliente.

Entonces lo vi: lo que me había parecido una sombra en la superficie de la roca a poco más de un metro sobre mí, era en realidad una hendidura que podría darme un agarre firme con una sola mano. Si pudiera tirar de mí hasta ese punto, podría ser capaz de ir alcanzando el resto del camino con el pico. Me puse la mochila y me preparé para el ascenso, que sería definitivo de una manera u otra.

A ciegas, estiré el brazo con el pico y golpeé una y otra vez hasta que encontré el asidero. Tiré un poco. Aguantó. Muy despacio, salí de la cueva y me arrastré hacia arriba poniendo una mano encima de la otra, trepando por el mango del pico hasta que conseguí meter a presión tres dedos en la pequeña cavidad. Colgué de la mano izquierda e hice una flexión a un solo brazo. Sujeté el mango por la mismísima punta y estiré el brazo con el pico una vez más...

El curvado acero se deslizó apenas sobre la parte superior del saliente.

Solté la mano izquierda y trepé otra vez por el mango del pico: despacio, asegurándome, tensando cada tendón. El peso de la mochila tiraba de mí hacia abajo. Puse una mano sobre el borde. Entonces, colgado sobre el vacío, solté el pico y agarré el saliente también con la mano derecha. Oí que el pico hacía un sonido metálico más abajo, y luego silencio. Eché mano de la fuerza que me quedaba y tiré hacia arriba, pasé un antebrazo por encima y luego el otro. Luchando por mi vida, pasé una bota sobre el borde y gateé sobre el saliente alejándome del filo. Me tendí bocabajo sobre la roca maciza, jadeando.

12

DOCE

Me abrumó una extraña sensación de irrealidad. No estaba seguro de si había salido alguna vez de la planicie donde ahora estaba echado y abrazado al suelo.

Cuando mi respiración se calmó, me quité la mochila, la apreté contra el pecho y me eché de espaldas, mirando el brillante cielo azul. Cerré los ojos y disfruté otro momento sintiendo el sol en la cara una vez más.

Entonces, una sombra bloqueó el sol. Una presencia cercana. Conmocionado, abrí los ojos y me senté. Sonreí sorprendido.

–¡Pájaro! ¿Qué diantres haces aquí? ¿Cómo has...?

–Se da la circunstancia de que todavía tengo los cinco dólares que me pagaste, y estoy dispuesto a devolvértelos a cambio del diario que tienes en tu mochila.

Todo se aclaró en un instante: Pájaro era el otro hombre sobre el que Papa Joe me había prevenido. Probablemente por esa razón había desaparecido cuando entré en aquella cafetería y me encontré con el anciano. Mis instintos no se habían equivocado, alguien había estado vigilándome realmente. Y siguiéndome. Pájaro llevaba puestos unos pantalones anchos de algodón y una holgada camisa de manga larga también de algodón: ambas prendas eran oscuras. Con aire despreocupado sujetaba una pistola con la que apuntaba hacia mí. El único pensamiento que me vino a la mente fue: «qué raro, los beduinos también visten colores oscuros, incluso en el desierto».

Pájaro dio unos pasos hacia delante, sujetando la pistola firmemente, y me quitó la mochila tirando de ella con fuerza. Caminó hacia atrás unos tres metros sin quitarme los ojos de encima.

–Sobre la tripa –dijo con autoridad.

Me tendí bocabajo, pero mantuve la cabeza lo suficientemente alta como para mirarlo mientras retrocedía unos siete metros –para poner distancia entre nosotros, supuse– antes de ponerse de rodillas y volcar mi mochila. Más que verlas, oí que mis pertenencias se esparcían sobre la tierra. Tras mirar dentro y comprobar que estuviese vacía, la tiró a un lado. Desde donde yo estaba no podía ver qué hacía exactamente, pero supuse que estaba husmeando entre mis ropas, echando a un lado el samurái y la muñeca kachina.

Empecé a moverme, solo por cambiar de postura. Él se volvió de nuevo y apuntó la pistola directamente hacia mí.

–No lo hagas –dijo.

No lo hice.

«Si estuviera loco o lo bastante desesperado como para matarme, probablemente lo habría hecho ya. No hay necesidad de provocarlo –me dije–, siempre puede cambiar de idea». Caí en la cuenta de lo vulnerable que era en lo alto de esa montaña solitaria, a cientos de metros por encima de la civilización y a muchos kilómetros de distancia de ella.

Se me cayó el alma a los pies cuando pareció que Pájaro había encontrado lo que buscaba y lo metió en una mochila pequeña. Se levantó, dejando mis pertenencias diseminadas por el suelo. Oí que su respiración se aceleraba de excitación.

Yo no iba a ver ese diario nunca más.

Se volvió otra vez hacia mí.

–¿Dónde está la llave?

–No la tengo –dije sinceramente.

Se arrodilló de nuevo y miró en el bolsillo lateral, donde encontró mi cartera y algunos artículos de aseo personal. Me dijo que me levantase y que les diese la vuelta a todos mis bolsillos, cosa que hice. Ya satisfecho, me ordenó que volviera a tumbarme bocabajo.

–No he venido aquí a robarte; yo solamente me llevo lo que me pertenece por derecho. –A continuación, con los amplios ademanes del vencedor y un extraño tono íntimo, añadió–: Me llevo este diario para leerlo en la tumba de mi padre.

Lo que Ama me había contado destelló en mi mente. «Así que es verdad –pensé–: ¡él es el hijo del jardinero!». En un momento de misericordia le supliqué, por mi bien y por el suyo:

–¡No lo hagas, Pájaro! Es un err...

Conforme empecé a levantar la cabeza, entreví un destello de movimiento. Y luego el mundo explotó en oscuridad.

Me desperté con un punzante dolor de cabeza y noté un gran chichón. Ahora estaba solo. Gateé hacia la mochila volcada, creyendo apenas que lo hubiera dejado todo: la ropa, la cantimplora, mi cartera, hasta los cinco dólares que me debía. Todo, menos el diario.

No me atrevía a mirar. Si no sabía, aún tenía esperanza; pero no pude retrasarlo más. Metí la mano hasta el fondo de la mochila vacía y suspiré al sentir el fino diario de Sócrates bajo el desgarrón del forro. Para custodiarlo bien lo había sujetado tras la tela cuando volví a hacer la mochila. Lo había hecho por instinto, más que por previsión.

Cuando Pájaro volteó la mochila, el diario se aseguró aún más tras el forro. Pájaro había visto un diario más pesado, cerrado con un broche. El delgado volumen parecía un simple refuerzo de cartón en la espalda de la mochila.

Mi mano emergió, sujetando el libro. El libro que Nada le había legado a Sócrates tantos años antes y que ahora estaba seguro bajo mi custodia.

Pero no por mucho tiempo si no me iba de allí enseguida.

Pájaro se había llevado mi diario personal, que no contenía nada más que unas pocas notas desperdigadas de mis viajes. ¿Cuánto tiempo le costaría llegar a la tumba de su padre? Esta tal vez se encontrase en algún lugar cercano; o podría haberse detenido en cualquier lugar y haber cortado la cinta, consumido por la curiosidad.

Tenía que moverme rápidamente. ¿Cómo reaccionaría cuando descubriera que de alguna manera lo había engañado?

Temblando aún, me las arreglé para ponerme en pie y comencé a caminar dando traspiés montaña abajo.

Para evitar la posibilidad de que me recobrase rápidamente y lo siguiera, Pájaro había rajado dos de los neumáticos de la camioneta. La abandoné, bajé caminando una pendiente de unos trescientos metros hacia otra carretera y esperé durante los treinta minutos más largos de mi vida, hasta que un camionero que se dirigía al oeste me recogió. Aliviado, le dije que lo invitaba a cenar en la próxima parada de camiones y luego me deslicé por el asiento como si fuera a echar un sueñecito. Estaba agotado y todavía me dolía la cabeza, pero estaba demasiado nervioso para dormir. Me mantuve fuera de la vista de los automóviles que pasaban y me concentré en la carretera que tenía por delante.

Era hora de salir del país.

13

TRECE

En la siguiente parada de camiones le di al conductor algún dinero para comer y un rápido apretón de manos, y luego me retiré después de excusarme. Desde el teléfono público de fuera hice una llamada a la empresa de alquiler de vehículos para informar del vandalismo y de la situación de la camioneta y les dije que había encontrado otro transporte. Luego llamé a una aerolínea y organicé mi salida desde el aeropuerto de Los Ángeles hacia Japón al día siguiente. Pensé en llamar a mi hija, y luego a Ama, pero decidí que eso tendría que esperar; en ese mismo momento tenía que conseguir que me llevase alguien.

Pregunté a varias personas que se encaminaban hacia sus automóviles si se dirigían hacia Los Ángeles. Después de varias negativas, un tipo barbado y robusto abrió la puerta de un Chevy Camaro último modelo y asintió. Cada vez que adelantábamos a alguien, yo me deslizaba un poco más abajo en mi asiento, lo que pareció divertir al tipo.

Mi mente, como el Camaro, se movía a toda velocidad según acelerábamos para salir de la zona desértica y nos aproximábamos al condado de Los Ángeles. Suponía que Pájaro –el hijo del jardinero– me estaría buscando ya, o que pronto lo haría.

Cuando a la mañana siguiente mi transporte me dejó a unos pocos kilómetros del aeropuerto, caminé hasta la entrada de un hotel cercano en busca de un taxi. Encontré una satisfacción momentánea al pagarle al taxista con el billete de cinco dólares que Pájaro había dejado en el suelo cerca de mí tras dejarme inconsciente.

Después de registrarme y de obtener la tarjeta de embarque, compré otra navaja, un cuaderno nuevo, dos bolígrafos, una gorra de béisbol, una camiseta, una toalla pequeña y algunos artículos más de aseo personal. Puse mi cartera, mi pasaporte, la carta de Sócrates y los aproximadamente ciento ochenta dólares en metálico que me quedaban en un bolsillo más pequeño. Para asegurarme, comprobé que el diario todavía estuviese metido con seguridad bajo el forro.

En un cuarto de aseo próximo me quité la camisa, empapada de sudor, y la tiré a la basura. Me puse un par de calcetines limpios y quité la suciedad de mis botas de montaña. Tras lavarme la cara, el pecho y las axilas, me puse la camiseta de turista, me coloqué las gafas de sol y me calcé la gorra de béisbol.

Ya menos reconocible y con todas mis pertenencias empaquetadas de nuevo, oí la llamada para mi vuelo. Me apresuré hacia la puerta y abandoné los planes de llamar a mi hija o a Ama por el momento. Estaba alerta, quizá ligeramente paranoico, y seguí mirando por encima del hombro y oteando el vestíbulo y el montón de pasajeros que había en la puerta.

Obligándome a permanecer despierto, embarqué en el vuelo, que haría escala en Hong Kong y luego seguiría a Japón, por fin. Cuando se cerró la puerta del avión y el aparato empezó a rodar, dejé escapar un suspiro de alivio y me metí en la madriguera del sueño con un pensamiento reconfortante: «Si yo no sé mi nueva dirección, él tampoco».

Me desperté en la oscuridad con un sobresalto. Me costó un rato recordar dónde estaba. Miré a los dos pasajeros a mi derecha desde mi asiento de ventanilla; los dos estaban dormidos. Saqué la mochila de debajo del asiento. Extraje cuidadosamente el diario y miré el cierre metálico. Tenía una ranura para una llave a la antigua; Sócrates debía de tenerla. ¿Por qué no la había dejado con el diario? Intenté abrir el cierre con la navaja, sin éxito. Podría rebanar la corta tira de cuero, pero algo me detuvo. No era como allanar la tumba de un faraón, pero no estaba bien. Tiré otra vez del cierre: siguió firmemente trabado.

Volví a meter el diario en la mochila y ya estaba a punto de quedarme dormido de nuevo, confiando en que mi subconsciente saliera con alguna solución. Casi tan pronto como cerré los ojos apareció la muñeca kachina en mi mente, junto con las palabras de Papa Joe: «Te he dado todo lo que puedo darte». Entonces pensé: «Es un regalo para mi hija, nada más». Sin embargo, volví a abrir la mochila, metí la mano más abajo de las camisas y la ropa interior y me hice con la muñeca. Palpé su base redonda forrada en papel y noté un punto débil. La volví del revés y empujé: el papel se rompió en forma de media luna. Sacudí la muñeca y cayó en mi mano una llave vieja envuelta en una tira de papel. En el trocito de papel solamente pude descifrar una palabra, escrita con mano temblorosa: «¡Exactamente!». Tomé el diario y metí la llave en la cerradura. El broche se abrió.

Por alguna razón, Sócrates debió de darle la llave a Papa Joe o bien Papa Joe se la había llevado. En cualquier caso, había elegido dármela a mí. Sentí una cálida sensación de agradecimiento hacia el viejo; y también hacia Ama. La llamaría pronto y le contaría todo lo que había ocurrido.

El avión volaba sobre el círculo polar ártico. Abrí la primera página del diario para ver el texto que Sócrates ya me había contado en su carta. Leí de nuevo el cuento de la huida a Samarra, escrito de manos de Nada. Me pregunté: «¿Es Samarra un lugar, o un recordatorio para todos nosotros?».

Volví la página, hojeé todo el delgado libro y vi que en realidad Sócrates había escrito unas veinte páginas y había dejado casi otras tantas en blanco. Pero la fiebre se había cobrado un precio: en lugar del texto lúcido que su carta me había llevado a esperar, encontré frases quebradas, apuntes de percepciones y notas. Si es que había un hilo coherente que se hubiese devanado desde su subconsciente, todavía me era invisible. Lo que encontré era más un boceto que una tesis refinada. Era casi como si Sócrates hubiera preparado los trabajos de base para que alguien construyera sobre ellos. Alguien como yo.

Noté una oleada de adrenalina, seguida de un presentimiento (o quizá fue al revés), tal vez no muy diferente del sentimiento que Sócrates contó que había tenido cuando leyó la nota de Nada en la que lo animaba a rellenar las páginas en blanco.

Ahora me habían pasado la antorcha a mí. Una emoción extraña se desplazó hacia arriba por mi columna como una serpiente –una sensación de *déjà vu*– cuando me di cuenta de que Sócrates, el griego clásico, era un maestro oral. Fue Platón, su propio alumno y colega, quien puso por escrito las ideas de su maestro. «¡Pero yo no soy Platón!», pensé.

Tendría que estudiar lo que Sócrates había escrito; tendría que leerlo muchas veces, memorizarlo todo y luego dejar que cuajara en mí y tomase forma. Y entonces, quizá, solo quizá –haciendo uso de todo mi aprendizaje con él–, podría aplicar mi propio discernimiento para desarrollar sus percepciones, completándolas e interpretándolas cuando fuese necesario, y finalmente escribir algo que estuviese a la altura de su sabiduría. En ese momento supe la clase de responsabilidad que Sócrates debía de haber experimentado al encarar aquellas páginas vacías. Caí en un profundo sueño y no me desperté otra vez hasta que las ruedas del avión tocaron suelo en Hong Kong.

Mientras rodábamos por la pista largo rato hasta la terminal, el comandante anunció:

–Debido a un problema de mantenimiento tendremos un retraso de unas cuatro horas. Pueden salir del avión, pero permanezcan cerca del área de embarque.

Entonces fue cuando se me ocurrió: «¿Qué pasaría si no volviera a embarcar? ¿Y qué si me quedo aquí y exploro la ciudad?». Una parada sin programar no haría mucho daño; además, Hong Kong era muy conocida por los practicantes de taichí y demás artes marciales. Podría visitar a algunos instructores de la ciudad e indagar en busca de escuelas que estuviesen fuera de los caminos trillados. Otra posibilidad remota, pero parecía que dependía de ellas últimamente. Hasta podría ir dejando caer el nombre de Sócrates por aquí y por allá. Avisé a la aerolínea, pasé la aduana y salí caminando del aeropuerto.

SEGUNDA PARTE

El maestro del bosque de Taishan

Antes de morir, todos los seres humanos deberían intentar descubrir de qué huyen, y hacia dónde, y por qué.

James Thurber

Para ser bienaventurado en la muerte, uno debe aprender a vivir.
Para ser bienaventurado en la vida, uno debe aprender a morir.

Proverbio medieval

14

CATORCE

Como era incapaz de dormir debido a la mezcla de emociones y *jet lag*, caminé por el sofocante aire de calles que se iban oscureciendo, vacías en ese momento salvo por unos pocos vendedores que regaban o barrían las aceras; deambulé frente a escaparates de tiendas de ropa que tenían carteles de «Rebajas» escritos en inglés y chino, y pasé junto a joyerías, bancos y una sala de cine cuya marquesina presentaba una nueva película de los hermanos Shaw, *The Spiritual Boxer*, de 1975. A esa hora de la noche, la ciudad parecía un gran joyero que se cerraba lentamente.

Cerca del amanecer me encontré sobre un muelle, mirando el puerto Victoria desde arriba, y vi que el *ferry* se abría paso por el agua negra distorsionando los reflejos de las luces de la moderna ciudad, situada más allá. Me quedé allí esperando una señal. «Algo pequeño –pensé–; así sabré que he tomado la decisión correcta».

Apareció flotando un vaso de papel, y luego una colilla de cigarrillo. No eran un gran presagio.

Cuando salió el sol, volví a mi diminuta habitación resuelto a estudiar las notas del diario de Sócrates, pero me dormí con el libro en la mano y me pasé durmiendo la mayor parte de la jornada.

Cuando me desperté a primeras horas de la tarde, compré y envié otra tarjeta postal a mi hija en un punto de información turística. La habría llamado por teléfono, aunque era caro, pero no estaba seguro de si ella y su madre estaban todavía en Texas o de camino de vuelta a Ohio. Así que por el momento tendría que arreglármelas con tarjetas postales. Todavía quería llamar a Ama; se me antojaba que se lo debía por toda su ayuda, pero la diferencia horaria lo hizo más difícil.

Encontré al azar unas cuantas escuelas chinas de artes marciales que anunciaban pugilismo al estilo del templo Shaolin, kung-fu avanzado, taichí chuan y chi kung para la salud. Percibí muy poco del «misterioso Oriente», excepto que los escasos alumnos que vi eran todos chinos. Conseguí hablar con un instructor durante una pausa para fumar y le pregunté (sintiéndome un idiota) por cualquier «escuela oculta» de la que pudiera haber oído hablar. Como respuesta, me contó una creencia de su tradición cultural sobre una antigua escuela.

Ninguna de las demás escuelas que encontré tenía más que un interés pasajero. Escribí algunas notas sobre las artes marciales que había observado para mi informe al comité de la beca, algo que intercalaba con mi caminar por calles secundarias y callejones mientras inhalaba los aromas exóticos de comidas desconocidas. Giraba a izquierda o derecha por instinto o por impulso.

Durante aquellas búsquedas simbólicas, y sin tener muchas esperanzas de encontrar algo fuera de lo común, seguía preocupado por la tarea que me había caído encima. «¿Cuándo empezaré a escribir?», me preguntaba. Sócrates me había indicado que mientras tanto intentase encontrar una escuela oculta en Asia, la cual yo creía que podría estar en Japón. «Entonces, ¿que hago aquí?». Sonaban en mi cabeza voces diferentes, ninguna de las cuales parecía ser la mía.

Al final, di una vuelta alrededor de Kowloon Bay, que separaba geográficamente Hong Kong de la República Popular China, la China de Mao. No tenía deseo alguno de visitar un lugar en donde se me vería como a un «perro imperialista», ladrando y meneando la cola muy a la manera del perro de Disney, Pluto, que me hizo recordar a Platón y el diario que esperaba que lo atendiera.

Me pasé otro día entrecruzando mi camino por el centro y las afueras de la ciudad, pasando por lugares donde ya había estado antes. Me aferré a la esperanza de que esa búsqueda fuera fructífera, como lo había sido la de Hawái cuatro semanas antes; pero la isla tropical parecía estar muy lejos y en un tiempo pretérito, y Japón seguía siendo una esperanza, una idea, un punto en el mapa. Mi única realidad estaba aquí y ahora, y yo tenía que habérmelas con que no fuese tan prometedora.

Esa noche vislumbré una cucaracha que se paseaba por la arrugada sábana. La eché de la cama de un manotazo; aterrizó, se enderezó y siguió adelante sin inmutarse. «¿Me sobrevivirá?», me pregunté. Ya me había encontrado con diversos insectos, y todos ellos mostraron tener mucho más sentido que yo de hacia dónde iban. «Ya que soy un perro imperialista –cavilé–, debería ser capaz de rastrear algunas posibilidades».

Miré las grietas del techo. Un ventilador de ventana sonaba *tiki-tiki-tiki* mientras empujaba hacia mí un aire denso, cálido y maloliente, ya que la ventana daba sobre la basura amontonada en el callejón. Honk Kong, como la mayoría de las ciudades, cambiaba de cara ante visitantes diferentes. La mía era la del Hong Kong de un viajero económico, de un profesor vagabundo que tuvo la suerte de encontrar un trabajo estupendo en una ciudad universitaria pequeña y muy lejana, al ritmo que el ventilador de mi vida seguía con su *tiki-tiki-tiki*, girando incesantemente.

Al día siguiente, justo antes de amanecer, decidí dar un último paseo por un parque del vecindario antes de dirigirme al aeropuerto. Vi a lo lejos que un puñado de personas practicaban los movimientos a cámara lenta del taichí. Se me ocurrió un pensamiento: «¿Y qué tal si la escuela oculta estuviese en realidad en el exterior?». No le di mucho crédito, pero no perdía nada con echar una mirada más de cerca. Elegí un buen punto de observación, me puse en cuclillas y miré detenidamente.

No era desacostumbrado ver practicantes madrugadores de taichí en un parque público. Habría seguido adelante enseguida, pero una mujer atrapó mi atención. Se movía con una gracia y una precisión poco habituales para una mujer de mediana edad, o para cualquiera. Tenía una cualidad felina que me recordaba a Sócrates. ¿Podría ser ella un maestro oculto a plena vista? Nuestros ojos coincidieron brevemente mientras ella proseguía esos movimientos sin esfuerzo aparente que reconocí como la forma tradicional yang, pero que ella ampliaba y refinaba. Yo había practicado el suficiente taichí como para comprender la forma básica y distinguir la pericia solo con verla.

Cuando la última estrella se esfumó con el amanecer, la mujer empezó otra vez la forma, esta vez desde el lado opuesto: un reflejo simétrico que yo podría seguir. Así que, sin pensarlo, me acerqué y empecé a seguir sus movimientos. Enseguida me vi inmerso en el relajado flujo del yin y el yang; cambiaba el peso de una pierna a la otra, me alejaba del núcleo, liberaba tensiones según iban surgiendo. Momentáneamente, el pasado y el futuro se borraron...

Estaba completando un elemento llamado *látigo simple* cuando noté un toque ligerísimo entre los omóplatos. Lo siguiente que recuerdo es que me precipité hacia delante y que rodé sobre la rala hierba. Me puse en pie de un salto y me di la vuelta. Mis ojos se volvieron primero hacia mi mochila, todavía a buen recaudo, y luego se lanzaron alrededor en busca del asaltante que me había hecho volar. Recogí la mochila y me moví por el grupo, preguntando a todos los que estaban cerca «¿quién me ha empujado?». La mayoría de ellos, inmersos en su meditación móvil, hicieron caso omiso; y entonces oí una risita a mi espalda.

Cuando me giré, vi a la mujer que había estado observando. Yo le sacaba una cabeza, y ella tenía el cabello negro y corto, con hebras blancas. Con sus pantalones de chándal, remedaba la postura de una adolescente norteamericana, con una mano en la cadera ladeada.

–¡Por supuesto que *yo* le he empujado! –dijo en inglés con acento británico–. ¿Qué piensa hacer al respecto?

–¿Qué...? ¿Cómo...? ¿Que me ha empujado? Y... ¿por qué?

–Suena como un periodista –bromeó, ahora con las dos manos sobre las caderas–, pero se ha dejado el *dónde* y el *cuándo*; en cuanto al *por qué*, ha sido para facilitar un punto de partida para la conversación.

–¿Cómo sabe que quiero tener una conversación con usted?

–¿Es que no quiere?

–Bueno, quizá. –Y pensé: «¡Por supuesto que sí!»–. ¿Cómo me ha hecho volar? Apenas he sentido un golpecito.

–¿No hay un chiste estadounidense que dice que un hombre le pregunta a un vecino del barrio cómo llegar al Carnegie Hall...?*

–Ensayando, ensayando y ensayando –dije.

–¡Ah!, lo conocía –comentó un poco decepcionada–. Entonces también conocerá la respuesta a su propia pregunta. Para serle sincera, he practicado durante muchos años, igual que usted ha practicado acrobacia.

–¿Cómo lo sabe?

–Con ojo adiestrado. De todas maneras, es bastante evidente, ¿no cree? Se le da mejor rodar que estar de pie; y parece más en contacto con las nubes que enraizado en la tierra.

–Bastante acertado. Empecemos otra vez.

Me presenté y le dije mi propósito oficial para estar allí. Ella se encogió de hombros sin impresionarse.

–Me llaman Hua Chi; y ya que está aquí para observar, ¿por qué no le echa una mirada más de cerca a los

* El Carnegie Hall es una histórica sala de conciertos situada en Manhattan, Nueva York. Una de las más emblemáticas del mundo (N. del T.).

movimientos de mi alumna Chiang Wei? –Señaló a una muchacha que también mostraba una habilidad soberbia.

–¿Es alumna suya?

–Sí. Como dijo una vez su sabio Yogi Berra,* «uno puede observar muchísimo simplemente mirando».

Me acuclillé otra vez cerca de mi mochila y miré la demostración de la paradoja en movimiento que hacía Chiang Wei conforme saltaba y giraba con bloqueos y puntapiés: suave, pero poderosa; arraigada, pero ingrávida. Escuché para oír el sonido de sus pies al tocar el suelo, pero no percibí ninguno.

Cuando ella y sus compañeros completaron la forma, se inclinaron en reverencia hacia Hua Chi de la manera tradicional –cubriendo un puño con la palma de la otra mano– y se fueron apresuradamente. Tuve el impulso de seguir a Chiang Wei y a sus amigos, pero en lugar de eso me acerqué a Hua Chi... a una respetuosa distancia.

–Acompáñeme a mi casa, por favor –me dijo–, tendremos té y conversación. Quiero saber qué ven sus compatriotas en la televisión hoy día.

Un comentario inesperado. «Está llena de sorpresas», pensé. No tenía ni idea de lo cierto que era eso.

Así, de una manera tan simple, ya tenía un lugar adonde ir, un sitio donde estar. Un contacto. Siempre podría tomar un vuelo de tarde.

* Lawrence Peter, «Yogi Berra», (1925-2015) fue un beisbolista estadounidense de las grandes ligas que jugó la mayor parte de su carrera con los New York Yankees. Se convirtió en un ídolo nacional, todo un personaje, no solo por su valía deportiva sino por su peculiar y carismática personalidad. Fueron muy populares sus dichos y sus juegos de palabras: la mayoría de ellos ingeniosas contradicciones que resumían toda una filosofía de vida.

La muchedumbre que montaba en bicicleta o caminaba en todas direcciones me hizo recordar un estudio cinematográfico. Medio esperaba que el director gritase «¡corten!» en cualquier momento, mientras hacía lo posible por seguir la pequeña silueta de Hua Chi entre el gentío. Como si fuera una variación de la práctica del taichí, fuimos haciendo camino, esquivando gente por aquí, basura por allá, pasando por un puesto de fideos y deslizándonos a través de la ola de gente que entraba y salía de una oficina del gobierno.

Más allá del parque de la ciudad, en una calle menor, varios trabajadores construían un muro con ladrillos de loess; un sedimento amarillento cubría los cabellos de los operarios y se volvía mugre sobre sus espaldas desnudas. Apenas me las arreglé para estar unos pocos pasos detrás de Hua Chi mientras las tiendas de alrededor abrían con un estrépito de cerraduras. La tapa del joyero se abría otra vez.

Por último la alcancé y le pregunté:

–Perdone, Hua Chi, pero ¿no es un tanto inusual invitar a casa a un extraño a tomar té?

–Supongo que sí; pero usted es el primer extranjero al que he visto practicar taichí en el parque tan temprano.

Doblamos una esquina y nos detuvimos.

–Mi casa –dijo, señalando un verde matorral al otro lado de la estrecha calle.

Un conjunto de flores blancas y moradas revestía un frondoso muro. La entrada solo apareció cuando cruzamos y estuvimos directamente frente a ella. Era una bóveda en ángulo, tan baja que tuve que encorvarme para seguir a Hua Chi. Anduve como un pato por un túnel oloroso de crisantemos de color rojo intenso. La perfumada bóveda se retorcía y giraba como si fuera un laberinto hasta que estuvimos frente a una casa pequeña de tres habitaciones.

Me quité los zapatos como había hecho Hua Chi. Entré y me senté en el suelo frente a una mesa baja, mientras ella colocaba la tetera sobre una cocina pequeña. Esperé en silencio, maravillándome por su elegante diseño de caos organizado: dondequiera que mirase veía objetos de procedencia internacional, periódicos en muchos idiomas, figuritas de colores vivos –incluso una miniatura en plástico de Yogi Berra–, cintas de casete, rollos con carteles de películas y montones de camisetas con extraños lemas en inglés y francés. Oí que el agua hervía; poco después la vertió humeante sobre unas hierbas verdes que había sacado de una pequeña bola de discoteca, cuyas dos mitades rechinaron cuando las enroscó entre sí otra vez.

–Trabajo en la industria turística –dijo siguiendo mi mirada– y acumulo esto y aquello.

Tras haber tomado unos sorbos del aromático té, Hua Chi volvió a hablar:

–Cuénteme algo de sus programas de televisión preferidos.

–¿De verdad le interesa? Bueno, yo... en realidad no veo mucha televisión en casa; pero hay una serie que no me pierdo nunca. Se llama *Kung Fu*...

Sus ojos se iluminaron con el entusiasmo de una niña de tres años.

–¿En serio? ¡También es mi favorita! De hecho, estoy un tanto chiflada por Kwai Chang Caine.

–Pero ¡si ni siquiera es chino! –dije–. ¿Sabe que Bruce Lee quería interpretar ese papel...?

–Lee tenía un gran talento para las artes marciales. Yo lo admiraba mucho y lamento su muerte. –Siguió un momento de silencio antes de que Hua Chi añadiese–: David Carradine es lo más, ¿no cree?

–Sí, un tipo estupendo cuando no está pateando traseros. ¡Me cuesta creer que estoy compartiendo un momento entre fans con una maestra de taichí en Hong Kong! –exclamé, soltando en voz alta mis pensamientos.

Hua Chi cambió de marcha tan súbitamente que pareció una persona completamente diferente, calmada y seria en ese momento.

–En ocasiones excepcionales conozco a alguien que puede estar preparado para aprender y que también puede tener experiencias que contar.

–¿Se refiere a mí? ¿Por qué piensa que tengo algo que compartir?

–Hay algo en sus ojos, en su porte, una rectitud... Diría que ha estudiado con un gran maestro.

–Tenía... Tengo... un guía; pero me he entrenado en gimnasia más que en las artes marciales.

–Eso he notado –dijo, incapaz de reprimir una sonrisa–: su camino, su Tao, es el del acróbata, como debe ser. A fin de cuentas, ¿es que la llama aspira a convertirse en nieve? ¿Hace muecas la rosa como si fuera un mapache? –Levantó una mano y señaló al cielo con un dedo–: El sabio domina su propio camino a su manera.

–¿Es de Confucio?

Sonrió.

–No, es del Maestro Po..., de *Kung Fu*.

Hua Chi se levantó rápidamente de la silla. Retiró a un lado varios objetos, agarró uno de los tubos para carteles y sacó uno que al desenrollarlo mostró el rostro de David Carradine en un primerísimo plano. Acarició la mejilla del actor.

Pensé de nuevo en una referencia parecida de Papa Joe, de hacía solo unas pocas semanas. Hua Chi dejó el cartel a un lado y un momento después se sentó otra vez frente a mí. Parecía estar seria otra vez.

–Mi guía, al que llamo Sócrates por el sabio griego, me dijo una vez que mientras que yo practico gimnasia, él lo practica todo.

Hua Chi hizo un gesto aprobatorio con la cabeza.

–¡Ciertamente! Cada camino se convierte en una forma de vida. El Tao pequeño se fusiona con el gran Tao a la manera en que muchos arroyos se fusionan con un gran río.

–¿*Kung Fu* otra vez?

–No, eso es original de Hua Chi.

–Hay algo más –le confesé–: estoy aquí en una búsqueda personal. Sócrates, mi guía, me envió a encontrar un diario que contiene sus percepciones. Lo he encontrado; lo tengo conmigo.

Aparentemente, Hua Chi hizo caso omiso de mis comentarios y cambió hacia lo existencial:

–¿No es fascinante que cuando nos hemos levantado esta mañana ni usted ni yo teníamos conocimiento alguno de nuestro encuentro? Y sin embargo, aquí estamos. Quién sabe por qué ha venido al Hong Kong Park esta mañana y a esa hora en concreto. Quién sabe qué me motivó a darle un empujón... en la dirección correcta.

Mi memoria saltó a las extrañas circunstancias que rodearon mi primer encuentro con Sócrates, una madrugada en aquella vieja estación de servicio. Haber seguido el impulso de entrar en su oficina no solamente cambiaría el transcurso de mi existencia, sino que también me convirtió en un creyente para toda la vida al confiar en «el que sabe en mi interior», incluso cuando los impulsos intuitivos me condujeron a veces a un camino tortuoso. Me preguntaba si mi encuentro con Hua Chi podría ser otro momento de aquellos, y casi me perdí lo que dijo después:

–... dispuesto a aplicarse, yo podría ser capaz de organizar un adiestramiento de acuerdo con sus intereses.

Sopesé su oferta y pensé: «Unas cuantas semanas de adiestramiento con Hua Chi antes de mi próximo vuelo; ¿por qué no?».

–Eso es muy generoso –dije–. ¿Entrenaríamos aquí, o en el parque?

Ella se rio.

–No, Dan, aquí no; y tampoco conmigo. Hay otro maestro que puede atender mejor sus necesidades. Tendrá que hacer un viaje a la granja de mi hermano Ch'an. Los granjeros jóvenes de allí casi todos son huérfanos, y también practican taichí bajo el ojo atento de..., bueno, eso lo sabrá bastante pronto. No puedo hablar en nombre del maestro, pero si está dispuesto a trabajar la tierra con los demás alumnos, el maestro también podría estar dispuesto a instruirlo. Por razones políticas y para tener paz, está oculta en lo profundo de un bosque...

«¿Una escuela oculta?», pensé, sin estar seguro de haber oído correctamente.

–Mi guía me alentó a encontrar una escuela así...

Hua Chi volvió a llenarme la taza.

–Así que buscaba *una* escuela, y ahora se ha encontrado conmigo. Qué coincidencia más interesante –señaló–, si cree en esas cosas.

–Coincidencia o no coincidencia –dije mientras depositaba la taza sobre la mesa cuidadosamente–, estoy listo para visitar a ese Maestro Ch'an en el momento en que usted lo esté.

Hua Chi se puso en pie –o, más bien, flotó– y atravesó la habitación hacia otra mesa baja, de donde retiró a un lado un par de pantalones vaqueros acampanados y abrió un cajón.

–Uno no se deja caer en ese sitio sin más. Hay un largo viaje al bosque de Taishan. Está situado en el noreste de China...

–¿En China? –No estaba seguro de haber oído correctamente–. ¿En la China de Mao? Pero yo no podría... No tengo...

–Tendré que escribir cartas de presentación y organizar su travesía. –Abrió el cajón y sacó de él un tintero pequeño, una plumilla caligráfica y papel de arroz.

–¿Cómo voy a pasar el control fronterizo?

–Donde va no habrá controles fronterizos. Vuelva en dos días, justo después de amanecer. Tendré hechos los preparativos necesarios. Debe viajar ligero de equipaje...

Señalé mi mochila.

–Bien –dijo mientras se sentaba a escribir. Los caracteres chinos fluían de su pincel como si su mano estuviera patinando sobre el pergamino.

–Le agradezco de veras...

–Se ganará el sustento –murmuró. Sin mirar arriba, se quitó de encima con un golpe un globo de Mickey Mouse que flotaba cerca de su cabeza–. Vuelva a reunirse conmigo dentro de dos días, a la misma hora.

15

QUINCE

Le hice una reverencia como despedida, pero Hua Chi estaba tan concentrada en su escritura que apenas se percató. Antes de salir, dije:

–El diario que he mencionado... Es posible que haya otro hombre buscándolo, por sus propias razones. Él podría ser peligroso. Es muy improbable que me siga, o que me encuentre aquí, pero he querido decírselo solo para estar seguros.

Hua Chi apenas parecía estar escuchando.

–Qué dramático; me pregunto qué haría Kwai Chang Caine... –dijo distraídamente sin dejar de escribir.

Con otra reverencia, me marché a través de la bóveda de flores, que era un túnel entre mundos. Me gustaba Hua Chi por su habilidad y sus encantadoras excentricidades; pero ¿podía confiar en ella? Mientras encontraba el camino de vuelta por donde habíamos venido, me preguntaba en qué me estaba metiendo. ¿Estaba preparado para dejar que ella arreglase mi tránsito por la República Popular

China, donde fervorosos cuadros del Ejército de Liberación del Pueblo podrían interrogar a cualquier viajero del exterior?

La respuesta era sí. Se había abierto una puerta; yo la cruzaría hacia otro mundo y vería lo que fuese apareciendo. Mientras tanto, intenté llamar a mi hija una última vez, tanto al número de Texas que me había dado como al de su casa en Ohio. No tuve suerte, no la encontré ni a ella ni a Ama.

Dos días después –tras leer y releer las notas de Sócrates en mi habitación y en un parque del barrio, dejándome impregnar con sus palabras–, me senté de nuevo junto a la mesa baja de madera y bebí té, mientras Hua Chi me entregaba unos papeles.

–Guárdeselos bien –me dijo–. Discutir con los burócratas puede ser difícil, pero unos cuantos amigos y parientes en puestos elevados pueden mover montañas.

–¿Por qué necesito una carta si usted estará...?

–Tengo ciertas obligaciones aquí. Me reuniré con usted más tarde, este mes o el próximo; en cuanto pueda.

–Pero yo suponía...

–No suponga nada –me interrumpió–, especialmente en China, dado el clima político actual.

Imaginé que para ella la política era algo temporal, pero la cultura pop viviría siempre.

Desdoblé el papel de arroz y vi una carta escrita en caligrafía china con unas breves instrucciones para mí en inglés:

–Muestre estos papeles a los capitanes de los barcos –y repitió–: *Muestre* las cartas, pero *téngalas* siempre consigo. –Para hacer hincapié en su indicación, me arrancó los papeles de un manotazo y los apretó contra mi pecho.

Después de eso todo ocurrió muy rápidamente. De camino hacia el muelle, mientras me apresuraba para seguir a Hua Chi por las atestadas calles, me dio sus últimos consejos:

–Incluso después de la visita de su presidente Nixon –me advirtió– se mira a los extranjeros con sospecha e incluso podrían detenerlos como espías. ¡No llame la atención! Permanezca callado y amistoso; no arme alboroto. Evite a los demás cuando le sea posible. Usted es joven y fuerte, pero el destino es un bromista.

–¿Qué le diré al Maestro Ch'an cuando me encuentre con él? –pregunté, dando rápidas zancadas para seguir su ritmo mientras nos aproximábamos a los muelles–. ¿Cómo sabré que me acepta como alumno siquiera?

–Él solamente habla mandarín, de manera que usted no hablará con él directamente. Alguien traducirá, una mujer; pero si llega a la escuela, será bienvenido.

«¿Si llego a la escuela?», pensé, preguntándome si la había oído bien. No quedaba tiempo para reflexionar ni para que me lo confirmase. El capitán del pesquero de arrastre saludó cortésmente con la cabeza a Hua Chi y me hizo seña de subir a bordo. Sentí la vibración del motor.

Entonces me acordé de repente de que tenía la intención de llamar a Ama por última vez antes de partir, pero en el ajetreo tan repentino me había olvidado de hacerlo. Eché mano rápidamente de un bolígrafo y escribí el nombre de Ama y su número en un trozo de papel. Me estiré por encima del costado del barco y se lo pasé a Hua Chi.

El barco empezó a alejarse, y grité sobre el sonido vibrante del motor:

–Por favor, ¡llame a esa mujer! ¡Tiene que saber que he encontrado el diario!

Hua Chi sonrió y me saludó con la mano como si yo solo estuviera diciendo adiós. La oí decir:

–Buena travesía, Dan; y no se olvide de...

El resto de la frase se perdió al ponerse los motores a toda marcha.

–¿Que no olvide qué? –grité.

Pero mis palabras cayeron al mar.

Solo después me di cuenta de que no habíamos hablado nunca de cómo iba yo a organizar mi viaje de vuelta; solamente hablamos de que ella se reuniría conmigo cuando pudiera.

Estaba sobre la cubierta, asaltado por una mezcla de expectación y temor, y observé que la línea de la costa desaparecía en la neblina. «¿Qué he hecho?», me pregunté mientras miraba el mapa que ella había dibujado. Me había embarcado en una travesía solo de ida por mar y luego por un río, seguido todo por una caminata por territorio ruso hacia China para encontrar el monte Tai y el bosque de Taishan en sus laderas, donde podría encontrar una escuela... o no.

Noté que me tocaban en el hombro. El capitán tenía la mano tendida. Creí que era un gesto para pedir dinero, pero luego me di cuenta de que lo que quería era ver la carta. Me la quitó de las manos, la leyó y sonrió con los labios apretados subiendo y bajando la cabeza. Todavía con la carta en sus manos, dijo algo y me hizo gestos de que lo siguiera a una habitación pequeña, del tamaño de un armario. Vi un camastro y un lavabo diminuto: mis aposentos. Señaló hacia otra habitación cerca de una cocina, presuntamente donde comería junto con la tripulación. Por último, me guio por la pasarela hasta otra puerta, de cuyo propósito me informó el olor. Luego me despidió moviendo la mano, ¡y se marchó con la carta!

Cuando lo alcancé en el puente, ya la había guardado. Hablé e hice gestos sin lograr hacerle comprender que quería que me la devolviese. Mientras llamaba a la tripulación con la atención puesta en otro sitio, se metió la mano en la chaqueta y me devolvió la ahora arrugada hoja de papel de arroz que tendría que mostrarle al próximo capitán.

Según Hua Chi, mi destino final era el bosque de Taishan, en el distrito Aihui de la región Heihe. Supuestamente era un bosque remoto en una zona por lo demás poblada. Le mostré el mapa a uno de los marineros, que trazó nuestra ruta hacia el norte atravesando el mar de la China por el este, navegando entre China al oeste y Taiwán al este.

En los días que siguieron pasamos rápidamente junto a Corea del Sur y ascendimos hacia el mar de Japón, para luego desplazarnos al norte desde allí. Durante la travesía el barco ancló varias veces para pescar. Arrojaban la pesca a una bodega llena de hielo. Cuando atracábamos en alguno de los puertos, yo me retiraba a mi cabina y esperaba una señal de la tripulación (cuando se acordaban de dármela), tras la cual era libre de nuevo para vagabundear por la cubierta.

En algún lugar de un islote remoto en Corea del Sur desembarqué sin ceremonias. Unos diez minutos después se reunió conmigo un hombre de cabello gris que me llevó al siguiente capitán que Hua Chi había mencionado, un hombre llamado Kim Yun. Le mostré la carta; él la miró, frunció el ceño, la rasgó en pedazos y se alejó hacia su barco. Me dejé caer de rodillas para reunir los trozos de la carta y lo seguí hasta la embarcación, balbuciendo:

–¿Por qué? ¿Qué pasa? Hua Chi...

Al sonido de su nombre, el capitán se volvió hacia mí. Estaba claro que no comprendía ninguna otra cosa de lo que yo decía. Un hombre de cabello gris apareció a mi lado y me habló en un inglés chapurreado:

–Enséñame –me pidió, mientras hacía gestos hacia los trozos de la carta. Leyó lo que pudo y sentenció–: No carta.

Le dijo algo con aspereza a Kim Yun, quien le respondió brevemente, pero al parecer llegaron a un acuerdo.

El hombre de cabello gris se volvió hacia mí.

–Tú trabajar, él llevar a ti –dijo mientras expresaba con mímica algo que se parecía a limpiar la cubierta.

Iba a protestar, pero me callé y pensé: «¿Por qué no?». Desde que salí de Oberlin, meses antes, no había hecho prácticamente nada que se pareciese al trabajo sencillo. Había algo en la idea que me vigorizaba. Asentí con la cabeza rápidamente. Un momento después, mi buen samaritano de cabello gris se había ido y yo me estaba alejando de la costa una vez más.

O bien mi limpieza primera fue torpe o bien el capitán cambió de opinión, porque aparte de esa primera vez, durante los tres días que pasé en el segundo barco nadie me pidió que trabajara y mucho menos que lampacease la cubierta, a pesar de que en aquella ocasión pernocté con la tripulación. En su mayoría no me hacían caso, como si yo fuese un fantasma.

De la experiencia solo saqué una cosa buena: estuve solo en los alojamientos de la tripulación, otra vez a la deriva por el tiempo y por el mar, lo que me dio la oportunidad de sacar el diario de Sócrates y estudiar sus retazos de pensamientos y sus comentarios. A pesar de algunas frases completas aquí y allá, a veces incluso párrafos, había garabateado principalmente frases de un esbozo de percepciones cuyo sentido yo tenía que encontrar antes de poder desarrollarlas. Poco a poco, un concepto mayor empezó a tomar forma en las páginas de mi mente. Era algo que ya había comenzado cuando conocí a Sócrates, en los tiempos en que yo era un deportista universitario que antes intentaría realizar nuevos movimientos peligrosos que escribir un trabajo.

En aquel momento no podía escribir de verdad. El mar estaba demasiado alborotado y empuñar un bolígrafo me mareaba; pero vendría el momento cuando llegase a la escuela. Esa temporada en el mar me obligó a reflexionar antes de escribir. Así que mientras yacía acurrucado en mi camastro notando la crecida de cada ola, observé que los pensamientos e ideas se solidificaban como planetas formados por polvo de estrellas. Y empecé a ver... Sócrates había encontrado realmente un camino para «alcanzar la vida eterna»; no en el sentido que muchos podrían imaginar o esperar, sino un camino, bien que mal.

Me desperté con el ruido de unos pasos. Mi mano ya había encontrado el diario antes de abrir los ojos. Un miembro de la tripulación me dijo con su gesto de cabeza que pronto sería hora de desembarcar. Ordené la mochila y me apresuré a subir a cubierta, justo a tiempo de ver que pasábamos rápidamente ante el puerto de Vladivostok, en Rusia.

No pude desembarcar porque se necesitaba un visado, pero tras cuarenta y cinco minutos de viajar hacia el norte, en una remota ensenada costera, dejé el barco en un pequeño puesto ruso de avanzada que era poco más que una cabaña donde se vendían suministros básicos. Cambié algunos dólares estadounidenses por los suficientes rublos rusos para comprar comida, una brújula, otra cantimplora y una gorra que tenía una estrella roja. Con el fin de viajar ligero, había renunciado al saco de dormir que tenía en el desierto cambiándolo por una lona impermeable con la que podría cubrirme si lo necesitaba. Me las arreglé también para conseguir algo de moneda china, aunque Hua Chi me había dicho que no necesitaría dinero, ni durante el trayecto ni en la escuela.

Me había advertido que evitase las zonas pobladas: «¡Apriétese el cinturón y siga adelante!», cosa que tenía intención de hacer. Ya habría comida suficiente y descanso cuando llegase a la granja, o la escuela, o lo que quiera que fuese. *Si* es que llegaba. «¿Estoy loco por fiarme de ella?», no pude evitar preguntarme. Sócrates me había aconsejado una vez: «La confianza no debe otorgarse rápidamente, tiene que ganarse con el tiempo». No sabía prácticamente nada de Hua Chi, excepto que los dos compartíamos afición por una serie de televisión y por el taichí. «Podría estar enviándome a alguna secta carcelaria –pensé–: una especie de *Corazón de las tinieblas* chino, o un escenario sacado directamente de *Rebelión en la granja*, de George Orwell».

Sin embargo, en el breve tiempo que habíamos pasado juntos, Hua Chi me había impresionado por su sinceridad. No podía explicarme por qué mostró tal interés en ayudar a un profesor que estaba de visita, pero ¿es que hay alguien que pueda estar seguro de los motivos de otro?

16

DIECISÉIS

Con un mapa, una brújula y las indicaciones de Hua Chi para guiarme, di una caminata hacia un bosque ruso dirigiéndome a la orilla oriental del lago Khanka. Atravesé territorios agrestes de tupido arbolado, me refugié durante los esporádicos chubascos y viajé dos días hasta llegar a la orilla del lago. Fui rodeando las zonas pobladas, pero en terrenos más rurales pude entrever a campesinos metidos hasta las rodillas en los arrozales: hombres y mujeres que trabajaban codo con codo, que labraban con bueyes bajo cielos de color zafiro teñidos con capas de polvo amarillo. Unas pocas ovejas pastaban en pequeños parches de pasto que asomaban aquí y allá en la tierra árida.

Por suerte, no vi militares ni policías. Seguí hacia el norte hasta que encontré la boca del río Ussuri, que marca la frontera entre China y Rusia. Allí fue donde la barcaza de río y su capitán me encontraron caminando de un lado para otro cuando aparecieron, con tres horas de retraso.

Afortunadamente, a ese capitán no le importaba que yo no tuviese carta alguna, solamente que le tendiese los billetes adecuados en moneda china. Me llevó río arriba durante un día hasta donde el Ussuri se une a un ancho río llamado Amur por los rusos y Dragón Negro por los chinos, como me dijo Hua Chi. Nos abrimos paso hacia el norte hasta que desembarqué de manera brusca cuando el capitán prácticamente nos echó fuera del barco a mí y a mi mochila, y luego se alejó.

Ahora sí estaba de verdad en medio de la nada. El barco desapareció llevándose con él el reconfortante *chup-chup* del motor. Si hubiese estado herido o incapacitado, podría haber muerto allí mismo; y si hubiese muerto, mi hija no sabría nunca qué me habría ocurrido y Sócrates no sabría nunca que había encontrado el diario. «¡Así que será mejor que no te mueras!», me dije a mí mismo.

Por el lado positivo, Pájaro no podría seguirme la pista hasta allí jamás. Hice un esfuerzo para levantarme el ánimo y compuse una postura de artes marciales imitando la pose de David Carradine en el cartel que tenía Hua Chi. «Yo soy un aventurero –me dije–; él solo interpreta una aventura en televisión».

Comprobé la brújula de nuevo y empecé a caminar hacia el oeste, a cubierto por la sombra de los árboles. Partí para el último tramo de mi trayecto por vía terrestre, hacia el bosque de Taishan prometido en las faldas del monte Tai.

Tres días después, cansado y hambriento porque había terminado con la mayor parte de la comida que me quedaba, pasé cerca de Heihe. En contra de mi buen juicio, sentí el deseo de entrar en la ciudad y caminar entre la multitud, no entre árboles sin fin; pero el consejo de Hua Chi me retuvo. Tenía que evitar a las autoridades.

Aquella tarde, el puro cansancio convirtió el suelo en un colchón de plumas y dormí como un bebé. Cerca del amanecer salí de un sueño extraño sobre un pabellón iluminado por el sol y una mujer vestida de blanco, cuya túnica se convertía en un rayo de sol que caía sobre mis ojos cerrados. Al principio no sabía dónde estaba; luego todo volvió de golpe. Me levanté agarrotado y hambriento, y me comí la mitad de las raciones que me quedaban. Mi encogido estómago gruñó pidiendo más.

Tras días de caminar con poca comida, vi cómo el bosque adoptaba una cualidad onírica. Metía la mano en la mochila varias veces al día y me consolaba con la presencia del diario de Sócrates, que era un ancla para una realidad que estaba más allá de mi punto de destino inmediato. Empujé mi propio diario al fondo de la mochila, consciente de que él también estaba hambriento..., hambriento de las palabras que aún tenía que escribir.

Según el mapa, debería haber llegado por entonces, pero las distancias de un mapa y las de un bosque pueden ser engañosamente diferentes. Busqué un terreno más elevado, entré en un claro y vi a un hombre que orinaba contra un árbol. Me vio antes de que pudiese moverme, sonrió y me preguntó algo en mandarín. Solo pude responder con un afable encogimiento de hombros.

Me miró de arriba abajo sin que se le escapasen mis pantalones sucios, mi camisa empapada en sudor, mi mochila y la gorra del Ejército Rojo. Señaló a su nariz y dijo unas palabras que sonaron a algo así como:

–Wu Shih. –Inclinó la cabeza y señaló hacia mí.

–Dan Millman –dije, tocándome la nariz.

Sin siquiera intentar pronunciar mi nombre, asintió con la cabeza y luego me hizo señas para que lo siguiera. Pronto nos aproximamos a una cabaña que tenía una primitiva bomba de agua y un aljibe en el exterior. Me indicó que utilizase el agua para lavarme echándose un poco a la cara. Yo lo imité, preguntándome si olería muy mal... No me había lavado en varios días. El agua estaba limpia y corría rápidamente. Hice gestos con mi cantimplora, y Wu Shih la agarró y la llenó él mismo.

Después tiró de su camisa y me hizo gestos. Me quité la mía y me eché agua fría en las axilas, el pecho y la espalda. Tras volver a ponerme la camisa, me invitó a entrar en la cabaña. Allí me encontré con una mujer, presumiblemente su esposa, que saludó inclinándose y luego se apresuró a verter unas gachas de arroz en un pequeño cuenco de cerámica. Añadió unos cuantos frutos secos que parecían almendras y avellanas. Inclinándose y sonriendo de nuevo, me tendió el cuenco. Mientras comía, disfrutamos de un amigable silencio hasta que mis tripas gruñeron. Nos reímos todos por ello.

Aun así me sentí incómodo, como lo estaría cualquiera que deba limitar la conversación a inclinaciones, sonrisas, gestos y gruñidos. Cuando terminé de comer, la señora de Wu Shih me ofreció una taza de té y un trozo de pan cocido al vapor.

–*¡Ishi!* –dijo, alzando una taza esmaltada en color rojo vivo. Yo quería corresponderles con algo, de manera que les tendí parte de lo poco que quedaba de mi provisión de pasas y frutos secos. Wu Shih se inclinó y aceptó cortésmente solo unos pocos y los puso en sus gachas; sin embargo, su mujer los rechazó con un gesto de la mano.

Antes de despedirme les pregunté:

–¿*Zai... eeh, fore t.... eeh, sen lin na li?* –Hice gestos hacia los árboles para indicar un bosque. Wu Shih solamente me miró y movió la cabeza, incapaz de encontrar sentido alguno en mi embrollado lenguaje, o sin lograr comprender en absoluto lo que quería decir.

–¿Taishan *Forest*? –dije en inglés, demasiado alto y con gestos exagerados. Al darme cuenta de que ellos no conocerían la palabra *forest*, dije «Taishan» otra vez, intentando que sonara tan chino como fuese posible.

Sus desconcertadas miradas se convirtieron en otra oleada de risas. Wu Shih movió sus manos por todas partes. ¡Ah, no podían dirigirme a la montaña llamada Taishan, como el bosque, porque estábamos encima de ella! Hubiera querido preguntarle a Wu Shih si había oído hablar de una granja o de una escuela, pero no tenía manera alguna de hacerlo.

Estaba conmovido por la hospitalidad que habían mostrado hacia un desconocido de otra tierra, y solo pude decir lo poco que sabía en mandarín: «*Xie Xie!* (¡gracias!)». E hice una reverencia al marcharme. Ellos la hicieron también. Me di la vuelta una vez más y entré en el bosque.

Después de una hora de camino y sudor me topé con un muro de follaje impenetrable que parecía una versión ampliada del seto del jardín de Hua Chi, solo que este no tenía ninguna abertura visible. Me imaginé que estaba otra vez en Hong Kong, me situé frente a lo que podría haber sido la entrada hacia su casa, cerré los ojos y eché a andar.

Al introducirme en el matorral no encontré ninguna casita más allá de él, sino un panorama completamente diferente: cedros y pinos que crecían tan tupidos como la hierba.

Retorcidas enredaderas colgaban como enormes serpientes de los troncos gigantes. Parecía que las ramas se estiraban y me cortaban el camino a cada pocos pasos, como si les molestase mi intromisión. Apareció un sendero y luego desapareció, como un espejismo intermitente, mientras yo me esforzaba por seguir adelante a través del laberinto.

Recordé que le había preguntado a Hua Chi si había algún mapa del bosque de Taishan. Ella había dicho «No es posible hacer un mapa del bosque, porque cambia; y las brújulas allí no funcionan. Solo tiene que viajar con una intención limpia».

«Una intención limpia», pensé. Intenté imaginarme una escuela, una granja o un cartel gigante que dijera: «¡Ya ha llegado!». Mientras me arrastraba hacia delante apartando del medio ramas y enredaderas con las manos pegajosas de savia, una bandada de pájaros se alzó desde la maleza. Uno de ellos pasó y me rozó la cabeza, sobresaltándome. Momentos después, estuve a punto de atravesar la red gelatinosa de una araña del tamaño de mi mano. Unos minutos después, empujé a un lado una serpiente de verdad que parecía una de las enredaderas colgantes. Se alejó reptando.

A la sombra de los árboles encontré también un loro escarlata y un torrente de cacatúas amarillo limón que silbaban y chirriaban al aletear hacia el ilimitado cielo; se ocultaron enseguida de mi vista tras el verde dosel de hojas. La luz del sol brillaba tenuemente al traspasar el follaje algunos rayos solitarios. El sol se ponía antes, a medida que se iban acortando los días primeros del otoño.

Sentí que algo se movía en un arbusto cercano a mis pies y el miedo se deslizó subiendo por mi columna vertebral.

Apreté el paso y me apresuré por una pendiente suave. Fue entonces cuando la confusión se me vino encima, como si me hubiera topado con un laberinto de espejos. Empecé a preguntarme si acaso estaba viajando en círculos. Pasó otra hora, o lo que pareció una hora; no había forma de saberlo, puesto que la batería de mi reloj se había agotado hacía mucho.

«Debería darme la vuelta –pensé mientras me desorientaba aún más y mi corazón golpeteaba–, pero ¿en qué dirección?, ¿cuál es el camino de salida?». Salí de un matorral con tanta prisa que casi me caí por encima del borde de una cortada vertical. Aturdido por un momento, creí que estaba de nuevo sobre la meseta pedregosa de Nevada y que nunca había salido de allí.

Pestañeé y vi otra vez mi entorno actual: estaba mirando desde arriba hacia una profunda garganta en un bosque chino. Pateé una piedrecita, que cayó en lo que parecía un arroyo de marcada corriente que había a unos trece o catorce metros más abajo. Si hubiera podido retroceder, lo habría hecho; pero no había otro lugar adonde ir sino hacia delante, cruzando aquella estrecha garganta: una distancia de unos cuatro metros entre la cortada opuesta y yo. Podría saltarla tomando impulso, pero no tenía mucho espacio despejado detrás de mí. Miré ligeramente hacia arriba y divisé la rama de un árbol que se tendía sobre el abismo. Si pudiera agarrarme a la rama saliente, podría conseguir columpiarme hasta el otro lado. Era factible, especialmente para un antiguo gimnasta que se había columpiado en muchas barras como esa rama.

Me quité la mochila, la hice oscilar sujetándola por las correas y la arrojé al otro lado, donde aterrizó con seguridad.

Ahora ya no había marcha atrás. Cerré los ojos y me imaginé a mí mismo dando el salto hacia la rama, como tantas veces había hecho antes de probar un movimiento nuevo o antes de una competición. Me agaché hasta doblar las rodillas y me lancé hacia la rama.

Uno de mis zapatos debió de atorarse en alguna raíz saliente. Los dedos de mis estirados y desesperados brazos rozaron la rama... y caí.

Yo ya había lanzado mi cuerpo deliberadamente desde columnas, acantilados y otros espacios como acróbata y saltador de trampolín en caídas controladas sobre el agua, de modo que la ráfaga de aire y la desorientación momentánea me eran conocidas, tan conocidas que me dio tiempo a gritar «¡aaayyyy, mieeerd...!» según caía. Agaché instintivamente la cabeza hacia el pecho, de manera que pudiese aterrizar sobre la espalda y batir el agua con los brazos y las piernas para absorber la fuerza de mi aterrizaje en aguas poco profundas. Iba a dolerme, pero por lo menos no me rompería el cuello.

Sentí una punzada aguda cuando mi cuerpo golpeó contra el agua y luego contra el fondo cenagoso que había un metro más abajo. Forcejeando y escupiendo, conseguí abrirme paso hasta la orilla. Me arrojé al pie del acantilado en una oleada de conmoción y adrenalina y empecé a ascender, con una mano después de la otra y los pies tanteando en busca de puntos donde apoyarse. A veces me resbalaba unos palmos, pero eso no hacía más que desencadenar un esfuerzo más ferviente, como si mi mente reptiliana se hubiera puesto al mando. Cuando llegué a lo alto, los dedos me sangraban, tenía las dos rodillas desolladas y mi pantalón vaquero y mi camiseta estaban desgarrados y salpicados de barro. Me tumbé, jadeando.

Cuando mi pulso empezó a calmarse, regresó a mi mente el poder del pensamiento complejo, y la fuerza bruta que había fluido en mí retrocedió. Me sentía agotado, pero me obligué a enderezarme. Solo entonces me di cuenta de que, en mis prisas por trepar, había escalado el acantilado por el lado que no era y había regresado al mismo lugar desde el que había saltado hacía solo unos minutos.

El sol se pondría pronto y ni siquiera podría ver la rama, ni mi mochila, al otro lado del barranco. Ya me había esforzado al límite de mis fuerzas y había fallado. Dolorido, cansado y empapado, no me sentía capaz de volver a intentarlo. La más mínima vacilación, una piedra suelta, un pequeño resbalón y caería de nuevo al río, en bastante peores condiciones físicas. Si lo intentaba otra vez esa noche, podría morir. De manera que decidí encontrar un lugar para dormir y probar de nuevo por la mañana, cuando hubiera descansado. Iba a ser una larga y fría noche: sin lona, sin comida, sin cantimplora.

Luché contra la autocompasión y decidí abrirme camino por entre el follaje para encontrar un pequeño claro que sabía que había. Creí ver una forma oscura e indefinida que se movía entre los espinosos arbustos. ¿Me habían afectado la caída o el agua del río a la vista? Reculé y me quedé helado al identificar la forma: un oso. Un oso monstruoso, el más grande y con el aspecto más fiero que yo hubiera visto jamás. O quizá tenía ese aspecto porque estaba lo bastante cerca como para que pudiera oler su aliento. Se puso de pie y sobrepasaba mi altura. Y rugió con un bramido desgarrador y espeluznante.

Me di la vuelta, corrí como un loco y me metí de lleno en la espesura como si fuera neblina. Corrí a toda velocidad, salté al aire y pareció que la rama oscilaba hacia mis brazos estirados. Mi cuerpo se balanceó hacia delante tan rápidamente que casi me olvidé de soltarme de la rama. Afortunadamente no había nadie para ponerle nota a mi salida. Aterricé de lleno sobre el trasero y rodé sobre tierra firme. Mi mochila descansaba, milagrosamente, entre mis piernas ahorquilladas. Al mirar sobre el barranco no vi al oso, pero eso no impidió que me pusiera de rodillas y agitase un puño antes de desplomarme.

Conforme estaba echado allí, completamente molido, se paseó por mi cabeza un cuento sufí:

> Un gobernante convocó a un famoso sabio a su corte y le dijo:
>
> –¡Demuéstrame que no eres otro charlatán, o haré que te ejecuten aquí mismo!
>
> Al instante el sabio entró en trance.
>
> –¡Oh, gran rey, veo ríos de plata y oro que fluyen por los cielos y en ellos cabalgan dragones que escupen fuego; y ahora veo serpientes gigantes que reptan por la tierra en lo más profundo!
>
> Impresionado, el rey preguntó:
>
> –¿Cómo es que puedes ver tan alto en los cielos y tan profundo en las entrañas de la tierra?
>
> –Todo lo que se necesita es miedo –replicó el sabio.

«Completamente de acuerdo», pensé, agitado como un cóctel. Todo lo que pude hacer fue gatear unos palmos y poner un poco más de distancia entre el borde del precipicio y yo, antes de enroscarme alrededor de la mochila, que acuné tiernamente, y caer en un dormitar alterado por sueños de carreras y persecuciones.

A la mañana siguiente, aterido y hambriento, avancé cuidadosamente por una pendiente pronunciada y luego subí una cuesta más suave. Seguí adelante hasta mediodía, cuando encontré algo parecido a un camino. «Otro camino que no lleva a ninguna parte», pensé, embotado por el hambre y la fatiga. Avancé dando un paso tambaleante tras otro, con el cuerpo molido y el ánimo perturbado.

Unas horas después, cuando el sol ya bajaba hacia los picos de las montañas, el camino terminó repentinamente.

17

DIECISIETE

Entré en un claro dando tumbos. Vi los relucientes tallos de un campo cultivado de maíz junto con un granero de tejado rojo, que me recordó a Ohio. Directamente al frente a la derecha, a unos cien metros de distancia, se situaba una casa de dos pisos de aspecto robusto. Más allá, lo que parecía un pabellón pintado de blanco y una serie de pequeñas viviendas: arquitectura china en su forma más pura, cuyos tejados curvados elegantemente hacia arriba elevaron mi mirada hacia el cielo naranja. Y allí, en la sombra que proyectaba el alero del gran tejado, surgió la silueta de un hombre. Estaba demasiado lejos para que pudiera verlo claramente, pero me estaba mirando; lo notaba.

Oí ladrar unos perros y vi que dos de ellos corrían hacia mí, no amenazadores, sino vigilantes. Un cerdo grande les iba a la zaga. El trío se aproximó con cautela. Uno de los perros me dejó rascarle suavemente tras las orejas; el otro se interpuso y metió el morro en la palma de mi mano. El cerdo me olisqueó también y gruñó antes de que el pequeño comité de bienvenida se volviera por la pendiente.

Mis ojos pasaron rápidamente por una casa de menor tamaño que había al lado de la grande y hacia un rápido arroyo que corría tras ambas estructuras. Vi que se aproximaba una mujer. Los últimos rayos del sol de la tarde pintaban matices de rosa y oro sobre su blanca túnica de seda. Consciente de mi aspecto harapiento, hice un vano intento de arreglarme la ropa y me pasé las sucias manos por el cabello. La mujer se detuvo a pocos metros. Tenía la cara ovalada, una gran cicatriz en la mejilla –de una quemadura importante, supuse– y unos hermosos ojos enmarcados por un cabello negro azabache recogido en una sola trenza. Hizo una lenta reverencia, como si yo fuese un dignatario de visita. Habló en un inglés recortado que sonaba británico; su voz era inesperadamente más grave que la de Hua Chi:

–Me llamo Mei Bao. ¿En qué puedo ayudarle?

Hice un intento tardío de reverencia como saludo y luego me volví para buscar en mi mochila la carta que tenía que presentarle al Maestro Ch'an. Incapaz de encontrarla, me volví otra vez y vi cómo la mujer me miraba perpleja. Tras un momento de silencio, contesté con una frase mal formada más propia de Bonita y sus siete años:

–Ah, estooo, me llamo Dan. Verá, me mandaron aquí, bueno, no me mandaron en realidad, quiero decir que vine por voluntad propia pero Hua Chi me aconsejó que conociera a...

–¿Hua Chi? –dijo mientras miraba detrás de mí sobre mi hombro; tal vez esperaba que Hua Chi apareciese. Y después de una pausa, añadió–: Seguro que no ha viajado hasta aquí por su cuenta...

Asentí con la cabeza, preocupado aún mientras buscaba en la mochila.

–Por alguna parte tengo una carta de...

Frunció los labios.

–Me he olvidado de mis modales. Debe de estar cansado; deje que le muestre dónde puede descansar esta noche. Hablaremos por la mañana tomando té; para entonces ya habrá encontrado la carta.

Mei Bao hablaba en tono tranquilizador, como si yo fuese un niño pequeño que se ha despertado de una pesadilla.

Me condujo a una habitación pequeña que estaba justo a la izquierda de la entrada al granero. Allí el olor a estiércol de caballo dio paso al de la paja limpia recién cortada. Cerca de un altillo con paja había un escritorio improvisado y una caja para guardar mis cosas.

–Me disculpo por el estado. Hay una residencia donde viven los alumnos, pero quizá sea mejor que esté usted aquí.

–Por supuesto –le dije–. Después de donde he dormido últimamente, esta habitación estará mejor que bien.

Cuando se marchó, deshice la mochila, plegué mi ropa sucia y la puse a un lado y luego coloqué el samurái y la muñeca kachina sobre la mesita, cerca del diario de Sócrates y de mi cuaderno.

Encontré la carta que Hua Chi había escrito para el Maestro Ch'an. Se había deslizado tras el forro de la mochila, como todo lo demás, por lo que se ve. La coloqué bajo el samurái, me eché de espaldas sobre la paja y respiré profundamente esperando el sueño, pero mi mente seguía dando vueltas. «¿Por qué me he jugado la vida para llegar hasta aquí? ¿Por qué ha sorprendido a Mei Bao mi llegada sin acompañante? ¿Querrá el Maestro Ch'an aceptarme como alumno?».

****

Me desperté de repente con el canto de un gallo; me puse mi único par de pantalones limpios y la camisa de vestir que había guardado para ese fin y salí al aire fresco de primeros de octubre.

A la suave luz del amanecer pude ver los campos ordenados en hileras. Un gato solitario pasó como un rayo mientras los perros y sus ladridos se me unían junto con su compañero el cerdo, claro está. La tarde anterior había visto varias ovejas pastando, y en ese momento pasé junto a un redil donde había varios cerdos más. Ciertamente, aquello era una granja.

Vi que unos jóvenes, adolescentes en su mayoría, se dirigían hacia los campos con las cabezas envueltas en paños; otros caminaban hacia lo que parecía ser cocina y salón comedor al lado de un pabellón. Por todas partes colgaban mosquiteras, supuse que para mantener fuera a los insectos. Miré dentro del espacioso pabellón y vi esteras de tatami hechas de paja de arroz que cubrían la mayor parte del suelo entarimado. Tendría que haber supuesto un trabajo muy entregado construir todo eso a lo largo de los años.

Salí otra vez. Dejé que mi mirada siguiera un arroyo que fluía entre la parte trasera de la casa grande y el pabellón; un puente en arco unía la vivienda con la entrada de este último. En el otro lado de la casa, una noria hidráulica elevaba agua en cangilones de bambú hasta una ventana del segundo piso, donde se vertía en lo que debía de ser algún tipo de sistema de cañerías, enviando así agua corriente impulsada por la gravedad a toda la casa. Toda la zona estaba tranquila y silenciosa, en armonía con el bosque circundante, pero a la vez distinta de él.

Me sobresalté cuando Mei Bao me tocó en el hombro.

–¿Sería tan amable de seguirme, señor Millman...?

–Por favor, llámame Dan.*

Ella asintió con un gesto de la cabeza.

–Espero que hayas dormido bien, Dan. Al Maestro Ch'an le agradaría darte la bienvenida como amigo de Hua Chi.

–En realidad no somos viejos amigos; de hecho, nos hemos conocido recientemente...

Al entrar me quité las botas, súbitamente nervioso.

–No tienes más que relajarte y ser natural –me dijo. Lo que, evidentemente, me hizo sentir tenso e incómodo, ya que sabía que no sería una charla banal, sino una especie de entrevista.

Tras calzarme las zapatillas para invitados, caminamos sin hacer ruido sobre un brillante suelo de madera de cedro hacia una sala de estar, donde él esperaba. El Maestro del Bosque de Taishan. Sobre la mesa había arreglos florales junto a cuencos de agua y toallas de algodón.

El Maestro Ch'an, vestido con una sencilla túnica gris, era una figura imponente pese a su pequeña estatura, de pocos centímetros por encima del metro y medio. Su cabello negro había blanqueado en las sienes y sus espesas cejas sobresalían sobre sus ojos alertas. Su rostro, ausente de tensión, no daba pistas sobre su edad.

* En el inglés actual la segunda persona es siempre *you* tanto para tú como para usted, el uso del nombre de pila es lo que marca el tuteo y el nivel de confianza en la conversación (N. del T.).

Hice una reverencia y tendí plegada la carta que Hua Chi había escrito. Mei Bao la tomó y se la pasó al Maestro Ch'an. Él la leyó lentamente. Yo vigilaba su expresión en busca de cualquier señal: una sonrisa, una inclinación de cabeza, cualquier cosa. Dijo unas palabras a Mei Bao y le devolvió la carta para que ella la leyese. Mei Bao habló al fin:

–Gracias por traernos noticias de Hua Chi.

Esperaba que dijera algo más, pero ella y el Maestro Ch'an solamente me miraron evaluándome e intercambiaron unas palabras en chino. ¡Así que eso era! «A lo mejor es que Hua Chi encuentra cada pocos meses a un extranjero ingenuo que le lleve el correo», me dije.

Mei Bao habló otra vez:

–Hua Chi ha mencionado que tienes interés en practicar taichí y que también podrías acceder a enseñar gimnasia acrobática a nuestros alumnos. Ahora mismo somos unos veinte.

«Ah, así que esos eran sus planes –pensé–; Hua Chi me ha enviado aquí no solamente como cartero, sino como un posible profesor». Me alegré de que ninguno de los dos pudiese oír mis pensamientos, o al menos estaba bastante seguro de que no los oían. Con o sin el diario, no había llegado con las manos vacías «suplicando limosnas de sabiduría». (Sócrates tenía buena mano para las palabras cuando no estaba invadido por la fiebre).

–Estaría encantado de ayudar en lo que pueda.

Mei Bao tradujo mis escasas palabras al Maestro Ch'an y luego se excusó para ir a preparar el té.

El maestro y yo nos sentamos en silencio mientras esperábamos su regreso. En una mirada de refilón, me di cuenta de que sus prominentes pómulos añadían cierta dureza a su enjuta y fuerte apariencia. Transmitía fuerza y vitalidad.

Mei Bao regresó con unos aromáticos y humeantes cuencos de arroz y verduras salteadas. Esperé a que ella y el Maestro Ch'an empezasen. Aparentemente, ellos me esperaban a mí. Por último, Mei Bao dijo:

–Por favor, disfruta de tu comida. Después comerás con los alumnos en el salón comedor cada mañana tras trabajar en los campos.

Mientras comíamos me habló de la rutina diaria:

–Durante el tiempo que estés aquí, te levantarás con el gallo...

–Eso no debería ser un problema –dije, y comenté *quién* me había despertado antes.

Ella se rio; luego intentó traducir el chiste al Maestro Ch'an, pero parece ser que fracasó, si es que su expresión era indicadora de algo. Aún sonriente, ella continuó:

–Trabajarás en los campos o en la cocina antes de la comida principal en el salón comedor. Oirás una campana; después de eso tendrás dos horas de descanso y tiempo libre antes del entrenamiento de la tarde...

El Maestro Ch'an le dijo algo. Ella asintió con la cabeza y añadió:

–Tendrás la oportunidad de practicar taichí durante dos horas, y después de un corto descanso puedes enseñar gimnasia acrobática las dos horas siguientes. Por lo general las artes marciales acaparan toda la tarde, pero mientras estés aquí parece una buena oportunidad para que los alumnos desarrollen nuevas habilidades de agilidad y equilibrio.

Asentí con la cabeza, sopesando esa nueva responsabilidad. La gente supone frecuentemente que cualquier deportista, artista o músico dotado también sabe enseñar; pero yo había aprendido que enseñar es un arte en sí mismo, y un arte que requiere práctica. Al principio de la adolescencia había ayudado a mis amigos en unas instalaciones de camas elásticas a aprender o mejorar varios tipos de saltos mortales. Más adelante, ofrecí indicaciones a mis compañeros de equipo de la universidad y enseñé en algunos cursos y campamentos deportivos de verano. Mis habilidades de comunicación mejoraron a medida que enseñaba y entrenaba a principiantes en Stanford, y más recientemente en Oberlin. Pero no se me había presentado antes (ni lo hubiera querido) el reto de enseñar a hombres y mujeres jóvenes templados en el horno de una cultura diferente, jóvenes que no hablaban mi idioma y cuyo idioma yo tampoco conocía.

Completada la comida –y con mi estómago todavía gruñendo por algo más, como era habitual–, bebimos a sorbitos un té amargo y vigorizante. Cuando Mei Bao se puso en pie, yo hice lo mismo, suponiendo que la reunión con el Maestro Ch'an había concluido.

–Hay una cosa más –añadió Mei Bao–, solo una pequeña comprobación. –Introdujo la mano en una caja de plata y sacó un alfiler largo y recto. Después de haber clavado la punta en la madera de modo que se quedase de pie, se volvió hacia mí–. El Maestro Ch'an te pide que claves el alfiler en la mesa.

Ella se sentó y esperó.

Yo tragué saliva.

18

DIECIOCHO

La tarea me recordó uno de los acertijos de Papa Joe. Traje a la memoria la respuesta que dio Alejandro Magno cuando se enfrentó al enmarañado nudo gordiano que mantenía cerrada la puerta que le bloqueaba el paso. Se le retó a deshacer el enredado nudo. Como era un hombre de acción, sacó la espada y lo cortó en pedazos.

Así que, sin dudarlo, machaqué directamente la cabeza del alfiler con la palma de la mano hacia abajo, con toda mi fuerza y concentración. Mi mano dio un rotundo y sonoro golpe seco al contactar con la superficie de la mesa. Para mi sorpresa, el único dolor que experimenté fue a consecuencia de la palmada que di sobre la madera. Levanté la mano para ver qué le había ocurrido al alfiler; estaba sobre la mesa, tumbado y doblado.

El Maestro Ch'an asintió; en su cara no había expresión alguna.

Al ver mi gesto cariacontecido, Mei Bao me tranquilizó:

–Ha sido una respuesta adecuada. Tu objetivo era verdadero, y claro tu compromiso. Si al golpear hubieras titubeado, el alfiler te habría hecho un corte en la piel; pero, como los demás obstáculos que aparecen en tu camino, el alfiler ha dado paso a la fuerza de tu intención. Te has concentrado en la meta, no en el obstáculo; así es como hacemos frente a nuestras vidas.

Cuando terminó de hablar, se levantó, y yo hice lo mismo. Me incliné reverentemente ante el Maestro Ch'an una vez más. Al salir de la casa, mi última impresión fue la flotante espalda de la túnica de Mei Bao al desaparecer ella por una puerta atravesando silenciosamente una cortina de cuentas.

A la mañana siguiente, antes de empezar el trabajo asignado, Mei Bao me enseñó la granja. Cuando bordeábamos el límite de árboles, me previno acerca de regresar al bosque.

–Es demasiado fácil perderse –dijo.

–¿Se pierden los alumnos alguna vez?

–De vez en cuando –respondió con seriedad–; casi siempre volvemos a encontrarlos.

Me llevó a los campos de cultivo y me mostró dónde podía conseguir guantes.

–No tienes más que imitar lo que hagan los demás, tanto si es plantar patatas como practicar taichí –me aconsejó–. Por favor, tómate en serio todo lo que hagas; todo es importante. Aquí nos esforzamos por ser independientes y autosuficientes, ¿comprendes?

Asentí con la cabeza, ya que había captado lo que quería decir y más aún. En esa granja encontré una China diferente de la que había esperado y una revolución más profunda que la de Mao.

Cuando Mei Bao se marchó, me puse los guantes de trabajo y me dirigí a los campos, listo para hacer mías las rutinas diarias de la granja y de la escuela. Al menos durante el mes siguiente.

Después de llevar una hora metido en el trabajo de doblarse, dar golpes de azada y plantar, me di cuenta del tremendo trabajo que se necesita para mantener activa una granja. Me detuve un momento para estirarme y reparé en un hombre musculoso de más o menos mi edad. Llevaba una camisa de algodón gris de manga larga como los demás, pero él, con su pecho fuerte y redondo, estaba formado más sólidamente; parecía más un luchador que un practicante de las artes marciales. Todos los trabajadores más jóvenes tenían la cabeza envuelta en paños y llevaban botas de goma. Yo temía sobresalir, más bien cómicamente, con mis botas de montaña y mi gorra con la estrella roja, pero parecía que los otros estaban absortos en sus tareas. Hice lo mejor que pude por seguir su ejemplo, a pesar de las ampollas.

Después del trabajo asignado y antes de la comida del mediodía, me lavé la cara y las manos en el arroyo junto a mis compañeros. Lanzaban miradas furtivas al recién llegado, a mí, un extranjero.

El pequeño comedor estaba más silencioso de lo que podría haberme esperado. Los jóvenes –la mayoría aún en la adolescencia, pero había unos pocos en la veintena– hablaban en susurros. Al sentarme con mi comida a la larga mesa, todos los que estaban cerca de mí dejaron de hablar y lanzaron miradas tímidas en mi dirección, demasiado bien educados para mirarme fijamente.

Por impulso, inspirándome en el personaje que había sido en mis años universitarios, dejé mi cuenco sobre la mesa teatralmente, me levanté y flexioné los brazos hasta hacer el pino sobre ella. Cabeza abajo y al no ver a nadie tras de mí, di un pequeño salto de golpe para caer otra vez sobre los pies y continué con un salto hacia atrás sobre las manos seguido de un salto mortal. Tras aquella demostración, como si nada hubiese ocurrido, me paseé de vuelta a la mesa, me senté y seguí comiendo.

Hubo un momento de silencio absoluto, y luego la sala estalló en chillidos, risas y comentarios ruidosos. Los alumnos que había cerca de mí se inclinaron en reverencia y sonrieron. Un momento antes era *el extranjero desconocido*; ahora era *el acróbata*.

Durante las dos horas del período de descanso me ocupé de lavar pantalones, camisetas, calcetines y ropa interior detrás de la casa principal. Mientras mi ropa se secaba al sol tendida sobre ramas bajas, volví a mi rincón, como ya había empezado a considerarlo. Estaba demasiado cansado por el trabajo desacostumbrado como para pensar en estudiar las notas de Sócrates y me dormí hasta la hora de practicar taichí.

Conforme el sol de la tarde empezaba su descenso desde lo alto del cielo azul difuso para hundirse en dirección a Mongolia, muy lejos al oeste, entré en el pabellón blanco, donde los jóvenes campesinos se habían transformado en practicantes de las artes marciales. Todos estaban vestidos idénticamente con pantalones y blusas azules, de modo que yo parecía tan fuera de lugar como un pulpo en un garaje.

Mei Bao apareció a mi lado.

–Al Maestro Ch'an le gustaría que durante los próximos días observases hasta que te familiarices con la rutina.

Decepcionado, pero también aliviado, me acuclillé en un rincón y observé cómo hacían calentamientos los alumnos. Se movían y se estiraban al unísono mientras cantaban una canción rítmica, que Mei Bao me explicó de pasada que era una forma de unir al grupo en la respiración y el movimiento.

Después del calentamiento, todos se sentaron inmóviles y con los ojos cerrados durante unos minutos de respiración lenta y profunda, la cual, como me dijo Mei Bao después, incluía una visualización de lo que querían alcanzar. Se levantaron a la vez y comenzaron a practicar taichí. Vi que el Maestro Ch'an observaba a los alumnos con una atención relajada. Estaba en el frente de la sala mientras Mei Bao se paseaba entre ellos, volviendo de vez en cuando para hablar con él.

Nada más terminar la clase, Mei Bao me contó un poco de la historia del taichí para poner en contexto mi entrenamiento:

–La práctica tradicional del taichí proviene de la aldea Chen, que originalmente estaba situada cerca del templo Shaolin en el area de Zhengzhou. Yang Luchan, que era un criado de la casa, fue la primera persona fuera de la familia Chen en aprender este estilo. Se dice que llegó a dominarlo tan completamente que al final viajó a la capital, Pekín, ahora llamada Beijing, y venció a tantísimos guardias imperiales que llegó a ser conocido como Yang el Invencible. Con el tiempo creó la dinastía familiar Yang.

»Cuenta la leyenda que Yang Luchan enseñó solamente un método superficial al público de su época y que reservó un estilo secreto de Yang que impartía de puertas para adentro a sus descendientes y sus discípulos más íntimos. Lo que ocurre es que Hua Chi se formó con un alumno de este estilo secreto mucho después del hundimiento de la dinastía Qing. Ese *sifu*, o instructor, era bastante viejo cuando Hua Chi lo conoció, y él deseó transmitirle sus métodos a ella, que era una practicante entregada.

Mei Bao se volvió hacia mí y continuó hablando:

–Primero tienes que aprender exactamente el conjunto de ciento ocho movimientos hasta que puedas encarnar y manifestar seis principios fundamentales: relajación, torso erguido, distribución del peso en cada pierna, la mano de la bella dama y girar desde la cintura con los brazos y el torso unidos. Al principio la forma es primaria y sigue siendo el fundamento del entrenamiento: abrir el cuerpo y el sistema nervioso para recoger energía del cielo y de la tierra y dejar que se eleve por los meridianos energéticos. Esto mejora la salud y también la fuerza. Por eso esta práctica, que a simple vista parece una danza, se llama taichí chuan, o supremo puño definitivo.

Durante los días que siguieron me adapté a los ritmos y rutinas de la granja. Después de la cena volvía a mi alojamiento para estudiar el diario. Comencé a redactar notas preliminares en mi cuaderno.

Una mañana, tras terminar el desayuno, tuve por fin la oportunidad de hablar más con Mei Bao. Sentía curiosidad por mis compañeros trabajadores y alumnos.

–¿De dónde vinieron todos esos jóvenes?, ¿y cómo encontraron su camino hasta aquí?

–Hua Chi tiene muchos contactos, incluso en varios orfanatos –me explicó–. Seleccionó niños con pocas posibilidades de adopción, pero con intensa energía, y los invitó a la granja. Esto no es estrictamente legal, pero el enfoque obsesivo de las autoridades sobre los «brotes revolucionarios» les ha dejado con poca atención que poner en lo que les suceda a unos cuantos huérfanos perdidos. Como has visto, los alumnos están agradecidos por estar aquí y trabajar a cambio de su subsistencia y su formación en taichí. Cualquiera que elija marcharse, y al final la mayoría se marchan, habrá desarrollado habilidades para trabajar en granjas o para enseñar taichí. O quizá con tu ayuda puedan practicar gimnasia acrobática, o incluso enseñarla.

Yo dudaba que fuese a estar el tiempo suficiente para aprender o enseñar mucho, pero me ahorré el comentario.

–¿Ha habido algún alumno que haya elegido marcharse?

Noté que dudaba antes de hablar.

–No todo el mundo tiene un temperamento adecuado para vivir aquí. Hace unos años, una joven eligió regresar a su ciudad de origen, Guangzhou. Fui con ella hasta la aldea Taishan, y conseguimos arreglar su pasaje de vuelta. Y... justo antes de tu llegada uno de los jóvenes huyó. Espero que haya encontrado el camino de salida del bosque.

–Eso espero yo también –dije, pensando en el oso y en mi propio trayecto, tan difícil. Cambié de tema y pregunté–: ¿Mencionaba Hua Chi en su carta al Maestro Ch'an algo de mis viajes?

Mei Bao parecía desconcertada, de modo que le conté sin demasiados detalles cuál era mi propósito profesional y, saltándome mis últimas aventuras, le hablé sobre Sócrates y sobre mi búsqueda de una escuela oculta.

–¿Crees que *esta* pueda ser la escuela a la que se refería tu instructor? –preguntó no muy convencida.

–Realmente no lo sé –dije–, pero aquí estoy. Y ya que estoy aquí, es probable que mi guía me animase a estudiar directamente con el Maestro del bosque de Taishan. ¿Acepta alguna vez el Maestro Ch'an alumnos privadamente?

Creí ver que los labios de Mei Bao se curvaban hacia arriba en una sonrisa, pero esta desapareció rápidamente.

–No es habitual –respondió, poniéndose de pie para marcharse–, pero creo que valorará tu interés. Mientras tanto tendrás que arreglarte con las indicaciones que yo pueda ofrecer..., tú y tus compañeros, claro.

Al día siguiente fui invitado a participar en la sesión de tarde de taichí. Conocía el dicho budista «la comparación es una forma de sufrimiento», pero de todas maneras comparé, quizá de manera natural dado el tremendo contraste entre mis esfuerzos de principiante y los airosos movimientos de los alumnos avanzados. Mei Bao me tradujo el recordatorio del Maestro Ch'an de que me concentrase en las posiciones y movimientos adecuados hasta estar preparado para el entrenamiento interior. «Que con mi ritmo actual de progreso podría ser nunca», pensé.

Más tarde, cuando Mei Bao pidió que levantasen la mano los que deseasen entrenarse conmigo en gimnasia acrobática durante la segunda sesión de la tarde, todas las manos se dispararon hacia arriba. De un momento a otro pasé de trastabillante alumno de taichí a «distinguido profesor de gimnasia acrobática», en palabras del Maestro Ch'an.

Resultó que enseñar allí era más fácil y más divertido de lo que creí que sería. Mei Bao estaba siempre a mano y los alumnos eran metódicos y atentos. Yo hablaba, ella traducía; yo mostraba, ellos imitaban. Mientras tanto, el Maestro

Ch'an se sentaba en silencio y nos observaba. ¡Y lo mejor de todo es que Mei Bao se puso su túnica blanca y participó como mi alumna!

A ella y a los demás estudiantes les encantaba intentar movimientos nuevos que supusieran equilibrio, rodadas, piruetas laterales y, enseguida, volteretas básicas. A diferencia de las rutinas estables del taichí, las posibilidades de las maniobras acrobáticas no tenían fin.

–La poesía y la caligrafía son los refinamientos de la escritura –dije por medio de mi intérprete–, y la canción es el refinamiento del habla. De manera similar, el acróbata refina los movimientos cotidianos y amplía los límites de la agilidad y el equilibrio físicos.

Noté que el compañero de pecho fuerte y redondo de aproximadamente mi edad me observaba y me escuchaba con atención. Después, cuando acabé de mostrar un movimiento, nuestros ojos se cruzaron. Él se cubrió el puño con la otra mano en el saludo tradicional de las artes marciales.

Al terminar la práctica me puso una mano en el hombro y me indicó con un gesto que fuéramos juntos al comedor. Se golpeó el pecho con entusiasmo y dijo:

–¡Chun Han!

Yo también le dije mi nombre mientras me golpeaba el pecho como Tarzán. Se rio, se golpeó el pecho otra vez y emitió un ladrido corto y ronco, una extraña risa que oiría muchas veces más.

Entramos en el comedor y nos sentamos para la comida principal del día. Después de eso, y a pesar de conocer solo unas pocas palabras del idioma del otro, trabajábamos juntos y frecuentemente comíamos uno al lado del otro. Los demás alumnos, mayoritariamente más jóvenes, veían a Chun Han como una especie de hermano mayor. Era despreocupado hasta en medio del trabajo de la granja y parecía irradiar júbilo.

Una mañana paseaba tras la casa principal y vi que Chun Han hacía flexiones de brazos en la posición del pino sobre un tronco; su cara era la viva imagen de la decisión. Al verme se detuvo rápidamente y sonrió de oreja a oreja mientras se ponía de pie. Lo invité a que hiciera otra vez el pino, lo hizo y siguió con un salto mortal hacia atrás desde la posición vertical. Lo convertí en mi ayudante en ese mismo momento. Tenía un don para observar y ayudar a los demás en sus primeros saltos mortales. Señaló a otros dos alumnos que también tenían un poco de experiencia en gimnasia acrobática y participaron enseñando y ayudando a los demás.

Me había preguntado a menudo si algunas personas poseen más energía innata que otras, si se trata de un rasgo genético o de pura lotería. Fuera lo que fuese, Chun Han la tenía. Su vitalidad y su ánimo me inspiraban y a veces me frustraban. Una vez le pregunté, con Mei Bao de intérprete, por qué sonreía tanto. Él ladró a modo de risa y respondió algo en mandarín, que ella tradujo sonriendo:

–Es solo una mala costumbre.

Las rutinas diarias trajeron progresos graduales, medidos por el crecimiento de los cultivos, el almacenamiento de lo cosechado, el perfeccionamiento del taichí y, en esos días, también las habilidades para las volteretas. Los domingos hacíamos un turno de trabajo más corto y pasábamos el resto del día en reparaciones especiales, pequeños trabajillos y arreglando la ropa.

De vez en cuando Mei Bao salía de la granja en busca de hierbas medicinales para el Maestro Ch'an, «o para cualquier alumno que pudiera estar enfermo», me dijo. También iba a la aldea una vez al mes, «para recoger unos pocos suministros imprescindibles y escuchar las noticias, que se trasmiten como cotilleos, sobre la situación política general. Hasta ahora nos hemos librado de líos», según me contó. Allí, en aquella escuela oculta, el mundo de la política parecía muy lejano.

Unos días después, en un nítido día de otoño, Chun Han me hizo gestos para que lo acompañase en un paseo por el bosque cerca del pabellón principal. Me condujo a través de un grupo de árboles; esperé mientras él movía un entramado de ramas enredadas entre sí y ponía al descubierto un sendero escondido junto a un templete. Cincuenta metros más adelante llegamos a la superficie azul cristalina de un lago, que me hizo recordar el estanque Walden de Massachusetts y la paz y la inspiración que Henry David Thoreau había encontrado allí.

Caminamos juntos lentamente por la orilla, a la sombra de las ramas que se extendían sobre el agua. Nos agachábamos para pasar bajo las más bajas, que habían dejado caer una alfombra de hojas a nuestros pies. Aunque caminábamos en silencio, entendí un mensaje tácito: que al compartir conmigo ese lugar que claramente amaba, Chun Han había ahondado en una identificación y una amistad que transcendían las diferencias de idioma y de cultura.

Mientras proseguía mis deberes como enseñante, seguí perfeccionando la manera de ofrecer consejos de modo que mis alumnos pudieran utilizarlos de verdad. Cuando entrenaba a gimnastas de élite, a menudo daba largas explicaciones sobre la técnica hasta que un gimnasta olímpico de mi equipo, que se había formado un año en Japón, comentó:

–He visto que un entrenador japonés te dice una cosa y hace que la practiques cien veces, y que un entrenador estadounidense te dice cien cosas y hace que las practiques una vez.

El recuerdo de esa ingeniosa exageración me guiaría hacia la economía verbal, de manera que Mei Bao no tuviese que interrumpir todo el tiempo su propia práctica para traducir mis palabras. Afortunadamente, una vez que ya había ayudado a mis alumnos a construir el fundamento de los movimientos básicos adecuados, su aprendizaje asumió un impulso propio. En las artes marciales hay un dicho, «aprende un día, enseña un día», cosa que hicieron mis alumnos de manera natural, interpretando los papeles de estudiante y de profesor los unos con los otros.

No se me había olvidado en absoluto el principal objetivo de mi estancia allí: traducir y complementar las notas y el resumen del diario de Sócrates en mi cuaderno, página a página. Cada día me pesaba más, hasta que supe que tenía que empezar. «Pronto –me dije–; muy pronto».

Unos días después, tras la clase, me decidí a hacer partícipes a mis alumnos de un mensaje más amplio. Tras recordarles que no solo tenían que consagrar sus vidas al entrenamiento, sino también consagrar su entrenamiento a sus vidas –y que la práctica de la acrobacia no solo desarrolla la agilidad física sino también un estado mental y anímico flexible–, les enseñé para el calentamiento una sencilla canción en inglés, que Mei Bao tradujo para que comprendiesen el significado de cada frase. A partir de ese momento, antes de comenzar la práctica, cantábamos *Row, Row, Row Your Boat*.*

–En mi país esta canción la aprenden muchos niños –dije–, pero poca gente entiende sus verdades más profundas. Como veréis, estas verdades no solamente se aplican a la gimnasia acrobática o a la formación en taichí, sino a todo en la vida. Las palabras «rema, rema, rema con tu bote» nos recuerdan que construyamos nuestras vidas sobre la base de la acción y del esfuerzo, no sobre sentimientos o pensamientos positivos. Pensar en hacer algo es lo mismo que no hacerlo. Nuestras vidas se modelan por lo que realmente hacemos, por remar con nuestro bote. Solo el esfuerzo trae, con el tiempo, los resultados, tanto en el entrenamiento como en la vida diaria.

Uno de los alumnos ofreció un refrán chino, al principio con timidez y luego con ardor creciente:

–Con tiempo y paciencia suficientes, ¡uno puede allanar una montaña con una cuchara!

–¡Exactamente! –dije, oyendo en mi voz un eco de aquel «¡exactamente!» de Papa Joe–. Las cuatro palabras siguientes, «suavemente por la corriente», nos aconsejan que evitemos tensiones innecesarias, que rememos con el flujo del Tao, de las mareas y las corrientes naturales de la vida...

–Lo que nosotros los chinos llamamos *wu wei*, o «no resistencia» –añadió Mei Bao.

–Y «alegremente, alegremente, alegremente, alegremente» es un recordatorio repetido de vivir con un ánimo alegre, desenfadado y ligero; de tomarnos a nosotros mismos

* «Rema, rema, rema con tu bote», canción infantil muy popular en los Estados Unidos (N. del T.).

menos en serio y de resolver los problemas de la vida diaria con la misma actitud divertida que vosotros ponéis al aprender gimnasia acrobática. –Tras decir eso me coloqué en posición invertida sobre las manos y aplaudí juntando y separando los pies arriba. Los alumnos me siguieron con entusiasmo.

Oí el ladrido ronco de Chun Han en la parte de atrás del grupo.

–Finalmente, tened en cuenta el último verso de la canción: «La vida no es más que un sueño». Os ruego que habléis de su significado entre vosotros durante la cena. ¡Fin de la clase!

Al cierre, les recordé a mis alumnos un cuento popular taoísta:

> Joshu, un trabajador chino que tenía que remar con su pequeño bote corriente arriba por el Fen cada día para llegar a su trabajo.
>
> Por la mañana, Joshu tenía que remar contra la corriente, pero el viaje de vuelta a casa era mucho más fácil. Una mañana, cuando remaba corriente arriba, sintió una sacudida repentina al colisionar la embarcación de otro barquero con la suya. Enfadado, Joshu blandió el puño hacia el descuidado barquero y le gritó:
>
> –¡Mira por dónde vas!
>
> Le costó muchos minutos calmarse mientras pensaba que la gente tenía que prestar más atención. Tan pronto como se calmó sintió otra sacudida al golpear su bote una embarcación diferente. ¡No podía creerlo! Entonces se puso completamente furioso y se volvió para reprender a otro idiota, pero sus palabras menguaron y su enfado se esfumó al ver un

bote vacío que debió de soltarse de las amarras y había sido arrastrado a la deriva corriente abajo.

–¿Qué creéis que significa este cuento? –pregunté mientras una sonriente Mei Bao traducía.

Los alumnos debatieron el cuento entre ellos antes de que uno hablara. Mei Bao me dijo:

–Hai Liang dice que debemos tratar a todo el mundo como a un bote vacío.

Sonreí y aprobé con la cabeza, lo que pareció que hizo sentirse a los alumnos tan orgullosos como ellos me habían hecho sentir a mí.

Después, según observaba su animada conversación en el comedor, Mei Bao me dijo:

–Están debatiendo seriamente que la vida puede ser un sueño maravilloso.

19

DIECINUEVE

Había algo en enseñar a esos alumnos tan entregados que hizo que me fuese más fácil volver al fin al diario. Mientras continuaba el estudio de las notas de Sócrates, empecé a creer por primera vez que podría tener algo más para compartir además de gimnasia acrobática y canciones infantiles. Completar el diario sería el comienzo; en el futuro podría escribir algo más.

Vi una imagen de la cara sonriente de Sócrates; por un momento llegué a sentir realmente su presencia.

Aquella noche, mientras me preparaba para escribir en serio, una gran quietud cayó sobre la granja. Al salir fuera a la mañana siguiente, descubrí que la nieve había alfombrado los campos y afilado los tejados. El invierno había llegado temprano. Ya habían pasado dos meses, y por entonces parecía probable que Hua Chi no llegaría ya hasta la primavera..., si es que venía a recogerme.

Compartí mis preocupaciones con Mei Bao, pero solo pudo encogerse de hombros. Ni ella ni el Maestro Ch'an disponían de los medios necesarios para llevar a un forastero de vuelta a Hong Kong de manera segura. Me consoló saber que si Hua Chi llegaba justo después del deshielo de primavera, aún tendría tiempo para visitar Japón, puesto que no tendría que regresar a Ohio hasta junio.

La noche siguiente cené aprisa, me excusé y volví al granero. Fui palpando por el camino hasta llegar a la mesita y recuperé mi cajita de cerillas; la habitación brilló cuando la cerilla estalló en llamas. Encendí con cuidado la lámpara de aceite y luego abrí el diario. Transcribí el primer y corto párrafo exactamente tal como Sócrates lo había escrito, muy probablemente antes de que la fiebre lo derrotara. Empezaba así:

> Después de una larga preparación, la vida entera se pone en perspectiva. No solamente la vida diaria, sino un ámbito mayor desde el que surge toda sabiduría, fundada en un gusto por la paradoja, el humor y el cambio.

Paradoja, humor y cambio: recordé haber visto esas tres palabras impresas en una tarjeta profesional poco común que Sócrates me dio años antes y que todavía llevaba en la cartera.* En varias ocasiones me había tentado la idea de utilizarla para llamarlo, como él mismo dijo que era posible que hiciera. Me prometió que aparecería «en alguna forma» para guiarme. «Es posible que ahora sea en la forma del Maestro Ch'an», pensé. Abrí la cartera para sacar la tarjeta, que ahora estaba doblada en las esquinas y tenía un aspecto ordinario, ya no brillaba. (¿Había brillado alguna vez?, ya no estaba

* Ver *El guerrero pacífico*, pag. 111, Ed. Sirio.

seguro). Volví a meterla en mi cartera como un recordatorio del tiempo que pasamos juntos y regresé a sus notas y a mi escrito.

Pensé en los fragmentos de texto relacionados, de diferentes partes del diario, que Sócrates debía de haber escrito después de que la fiebre se adueñase de él: «Cambio: muerte de una cosa, nacimiento de otra. Humor: humor verdadero más allá de los chistes o de la risa. Aceptación relajada, no seria... La vida es un juego. Paradoja: entrada a la sabiduría... Contradicciones aparentes, ambas ciertas... Las cinco verdades budistas... El mejor de los tiempos de Dickens...* Nasruddin, tienes razón... Cuatro áreas clave... Se debe caer en la cuenta, reconciliar».

Sócrates había querido elaborar esas ideas. «¿Qué podría haber escrito mi antiguo guía en un borrador más completo? –me pregunté–. ¿Puedo captar su significado?». Mi mente se puso tan en blanco como la página que tenía frente a mí.

Entonces me pregunté: «¿Y si yo quisiera compartir las ideas de Sócrates con mis alumnos, cómo las expresaría?». Con esas preguntas flotando en el aire empecé a leer y luego a escribir, rodeando con un círculo una frase de mi cuaderno para borrarla otra vez, decidido a abrirme paso a través de esa jungla de anotaciones.

Cuando sentía que ya había hecho todo lo posible en ese momento, revisaba las palabras una y otra vez, cortando aquí, añadiendo allá, según el trabajo iba tomando un impulso propio y yo me perdía en él.

* Inicio de su novela *Historia de dos ciudades* (N. del T.).

Finalmente, de madrugada, volví a leer lo que había escrito. Aunque en la tarjeta profesional de Sócrates aparecían tres palabras en orden –*paradoja*, luego *humor* y después *cambio*–, elegí dejar *paradoja* para el final, así que empecé con *cambio*:

La vida es un mar que trae olas de cambio, sean bienvenidas o no. Como escribió el emperador guerrero Marco Aurelio, «el tiempo es un río de sucesos pasajeros. Tan pronto se trae una cosa a la vista que se la barre y otra toma su lugar, y esta también será barrida». Buda, que dejó atrás su infancia protegida y su ascética renuncia y había alcanzado la iluminación, observó: «Todo lo que empieza, también termina; reconcíliate con esto y todo estará bien».

El humor, en su sentido más alto, trasciende la liberación momentánea de la tensión que es la risa, y se amplía a un sentido profundo de facilidad y a una estrategia relajada ante los retos ocasionales de la vida, sean grandes o pequeños. Cuando observas tu mundo a través de la lente del humor trascendente, como si fuera desde una cumbre distante, descubres que la vida es un juego al que puedes jugar como si importase: con un corazón pacífico y el espíritu de un guerrero. Puedes permanecer involucrado en el mundo, pero también puedes elevarte sobre él mirando más allá de tus dramatismos personales.

La paradoja es una proposición contradictoria en sí misma que, cuando se la investiga, puede demostrar que está bien fundamentada o que es cierta. Una vez comprendida, abre las puertas de una sabiduría mayor; pero ¿cómo pueden ser verdaderos dos principios contradictorios?

Como señala el acertijo budista de las cinco verdades: «Es correcto; es equivocado; es correcto y equivocado; no es ni correcto ni equivocado; todo existe simultáneamente».

Charles Dickens expresó la paradoja de su tiempo, que es igualmente cierta hoy, cuando escribió: «Era el mejor de los tiempos, era el peor de los tiempos; era la edad de la sabiduría, era la edad de la locura» y describió aquel tiempo como de creencia e incredulidad, de luz y oscuridad, de esperanza y desesperación.

Dos afirmaciones opuestas pueden ser ciertas cada una de ellas dependiendo del observador: es cierto que las arañas son asesinas despiadadas desde el punto de vista de los pequeños insectos atrapados en su red, pero para la mayoría de los seres humanos casi todas las arañas son criaturas inofensivas.

Un cuento expresa la naturaleza de la paradoja:

> Cuando se le pide al sabio sufí Mullah Nasruddin que arbitre entre dos hombres que tienen puntos de vista diferentes, escucha al primer hombre y comenta:
>
> -Tienes razón.
>
> Cuando escucha al segundo hombre, dice también:
>
> -Tienes razón.
>
> Cuando un transeúnte puntualiza que no pueden tener razón los dos, el mulá se rasca la cabeza y dice:
>
> -Tienes razón.

Vamos a profundizar y a considerar cuatro conjuntos centrales de verdades paradójicas:

* El tiempo es real. Se desplaza desde el pasado hasta el presente y de ahí hacia el futuro.
* No existe el tiempo, no hay pasado ni futuro, solo el eterno presente.

* Tú posees libre albedrío y por consiguiente has de responsabilizarte de tus elecciones.
* Tus elecciones están influenciadas, incluso predeterminadas, por todo lo que les dio forma.

* Tú eres, o tienes, un yo separado e interior que existe dentro de un cuerpo.
* Tú eres una faceta del diamante Consciencia que brilla a través de miles de millones de ojos.

* La muerte es una realidad inevitable con la que te encontrarás al final de la vida.
* La muerte del yo interior es una ilusión. La vida es eterna.

¿Debes elegir una afirmación y rechazar la otra? ¿O tal vez existe una forma significativa de resolver, incluso de reconciliar, esas contradicciones aparentes? Todo lo que sigue aborda estas cuestiones.

Me recosté, embriagado y agotado por mis trabajos mentales. «¿Son estas palabras mías, o suyas?», me pregunté. Hacía años, en aquella estación de servicio, Sócrates había señalado unas cuantas de esas verdades contradictorias. Entonces me pareció –y me parecía incluso en ese momento, a la luz de mi realidad cotidiana– que solo la primera declaración de cada par era innegablemente cierta: que el tiempo pasa, que existe el libre albedrío, que somos (o tenemos) un yo interior y que cada uno de nosotros muere.

Con ese pensamiento apagué la lámpara y me tendí a pasar la noche, aspirando los intensos aromas de la paja y de la tierra que impregnaban el aire del granero como un incienso chino.

Me pasé la mayor parte de la mañana siguiente ayudando a retirar piedras de un bancal nuevo. Vi al Maestro Ch'an a lo lejos, mirando en dirección a mí. «No puedo pedirle realmente que sea mi tutor personal –pensé–, pero si ve lo mucho que trabajo y lo sincero que soy...». Yo daba grandes zancadas, resoplaba y de vez en cuando me secaba la frente para proclamar mis esfuerzos. Volví a mirar al Maestro Ch'an a tiempo de verlo volverse de espaldas y entrar en la casa.

Esa tarde, Chun Han me puso en los brazos una de las piedras grandes que habíamos recogido por la mañana y me hizo gestos de que lo siguiera. Me condujo al arroyo, en cuyo fondo colocamos mi piedra y la que él llevaba. Continuamos ese proceso toda la larga mañana, piedra pesada a piedra pesada, y construimos poco a poco una presa de varios palmos de altura con una hendidura en lo más alto, lo que dio como resultado una catarata. Los dos estábamos cubiertos de sudor a pesar del aire frío. Yo estaba cansadísimo y me sentía irritado por las sonrisas y los alegre modales de Chun Han hasta que las palabras de la canción surgieron de los recovecos de mi mente: «Suavemente por la corriente...».

Al volver al granero encontré ropa de invierno: un par de pantalones nuevos de lana y una gruesa chaqueta de algodón. Al menos alguien valoraba mi trabajo, aunque no fuese el Maestro Ch'an.

A la mañana siguiente vi que Mei Bao se dirigía al bosque acompañada de un alumno.

Esa tarde, puesto que Mei Bao todavía no había regresado, el Maestro Ch'an estaba solo, observándonos a todos según nos desplazábamos por las formas del taichí. Yo notaba que mi práctica mejoraba; ahora estaba más en sintonía con el flujo interno de energía. Sentí calor en la punta de mis dedos, lo que era señal de que mis articulaciones y los tendones se estaban abriendo. Me di cuenta de que no era un logro esotérico, sino el resultado natural de la práctica consciente y de repetidos recordatorios para relajarse. Según el maestro observaba, dejé que el movimiento se desplegara sin un ápice más de esfuerzo del necesario. Como de costumbre, el maestro habló poco, y nunca a mí.

Cuando Mei Bao regresó justo antes de la práctica de gimnasia acrobática, le pregunté por su excursión.

–Estábamos recogiendo hierbas medicinales –dijo–; de esta manera cada alumno aprende dónde encontrarlas.

Yo esperaba que algún día de esos me pidiera que la acompañase, pero comprendí que los alumnos chinos tenían prioridad.

Las exuberantes rutinas de las volteretas de media tarde sirvieron de complemento perfecto a los interiorizados movimientos a cámara lenta de la práctica del taichí. Para aprovechar al máximo ese contraste, intenté variar nuestros vivaces ejercicios por diversión, así que cerca del final de la práctica propuse, con Mei Bao de intérprete, una carrera entre Chun Han y otro de los alumnos mayores por una larga fila de esterillas de tatami. Empezarían la carrera al mismo tiempo. La tarea del otro alumno consistía simplemente en correr tan rápido como pudiera paralelamente al pasillo de volteretas hasta el extremo de la sala, mientras que Chun Han avanzaría dando mortales hacia atrás con apoyo en las manos que lo impulsarían rápidamente por el área de las volteretas. Formulé una pregunta:

–¿Quién ganará la carrera?

Los alumnos se reunieron con emoción para mirar. Aclamaron ruidosamente cuando Chun Han ganó la carrera por más o menos un segundo. Todos querían hacer turnos intentando carreras parecidas... y yo no necesité que Mei Bao les indicase que sus volteretas serían pronto más rápidas y ligeras.

20

VEINTE

Ni siquiera cuando pasaba por las rutinas del trabajo en la granja, de las artes marciales y de las acrobacias gimnásticas podía dejar de rumiar las paradojas que formaban el corazón de lo que Sócrates había tenido la intención de expresar en el diario. Esas paradojas me ponían incómodo al principio. Tomó forma una idea –el primer atisbo de algo parecido a la comprensión–, pero solo cuando estaba completamente absorto observando el vuelo de mis alumnos por el espacio. Aquella noche volví a mi escritorio sabiendo lo que quería escribir y lo que tenía que escribir aún antes de abrir el cuaderno. Anoté y revisé, anoté y revisé, y así hasta altas horas de la madrugada.

Dejé a un lado el diario y esperé hasta que fuera de día para descubrir adónde me había llevado mi bolígrafo con la guía de Sócrates, para leer lo que de alguna manera había escrito:

> Existe una forma de reconciliar las cuatro paradojas centrales de la vida y de acoger la verdad de cada una. Para dar este salto, ten en

cuenta que todas esas paradojas giran alrededor de un presunto yo que nace y muere. En la vida cotidiana tú te identificas con un «yo» que parece estar enraizado en alguna parte dentro de tu cabeza; pero ¿y si ese sentido de un yo interior fuese una ilusión? ¿Qué puede haber al otro lado de un descubrimiento así? Para comprenderlo mejor, examinemos otra ilusión que parece tan verdadera como tu identidad individual.

En este momento estás sentado, o de pie, sobre lo que parece ser un objeto sólido, sobre lo que se siente como algo real. Cuando tiendes la mano para estrechar otra, o para alcanzar a alguien querido, o simplemente para abrir la puerta de la habitación de al lado, sientes como si estuvieses haciendo un contacto físico; pero ahora sabemos que la llamada materia sólida está hecha de moléculas, que se componen de átomos, que consisten sobre todo en espacio vacío. No existe objeto alguno que toque verdaderamente a otro, no en el sentido popular de la palabra; más bien hay campos de energía que actúan entre sí, como en el ejercicio taichí de empuje de manos, en el que los compañeros se imponen y reciben por turnos jugando con la energía en movimiento.

Me vi a mí mismo golpeteando con los dedos la mesa del escritorio, notando lo real y sólido que parecía; pero pensar acerca de espacio en su mayor parte vacío y en campos de energía me hizo volver al misterio y a la magia que había experimentado con Sócrates años atrás. Seguí leyendo:

Puedes imaginar el nivel atómico, pero no puedes abrirte camino realmente por él. Y sin embargo hay algo que cambia profunda y sutilmente cuando se tiene en cuenta que la realidad puede diferir de lo que se siente en la consciencia ordinaria. Se abre una grieta, y si miras en ella, en ese pequeño desgarro del tejido del universo, se hace posible una nueva visión.

En la antigua India, un viajero por el bosque se encontró con Buda sin reconocerlo.

-¿Eres un mago?-le preguntó.

Buda sonrió y negó con la cabeza.

-¡Seguramente eres un rey o un gran guerrero!

Buda dijo otra vez que no.

-Entonces, ¿qué es lo que te hace diferente de cualquiera que yo haya conocido jamás?-preguntó el viajero.

Buda se volvió hacia él. Cuando sus ojos se encontraron y aguantaron la mirada, le dijo:

-Yo estoy despierto.

Tal despertar es el objetivo principal de la mayoría de los caminos espirituales. También nos referimos a él como realización, unión, *kensho*, *samadhi*, *satori*, *fana*, iluminación y liberación, e implica ver a través del supuesto yo interior y más allá de él. ¿Por qué anhelamos tantos de nosotros este despertar? Quizá sea porque tememos a la muerte en todas sus encarnaciones: la muerte de aquellos que amamos, la muerte de la esperanza, la muerte del significado, la muerte del cuerpo, la muerte del yo.

Pero antes de poder despertar hay que darse cuenta de que en cierto sentido uno está dormido, de que se sueña dentro de una realidad consensuada hasta que se saborea lo trascendente. Incluso un pequeño vislumbre puede cambiar vidas. No se necesita hacer realidad la iluminación absoluta para encontrar alivio. Aun en medio de un día corriente, un cambio sutil en la consciencia puede ser un puente entre lo temporal y lo trascendente, liberándonos por un momento del miedo a la muerte y revelándonos la entrada a la vida eterna.

«Practicar la iluminación antes de la iluminación –pensé–, ¡qué idea más innovadora! ¿O no? ¿Qué ha intentado decirme Sócrates todo este tiempo? ¿Y cómo precisamente puede ofrecer un escape de la muerte y una entrada a la vida eterna ver a través de este yo interior y separado, que es una especie de muerte en sí mismo?». Otra paradoja, otro acertijo.

21

VEINTIUNO

A principios de febrero hacíamos la mayoría de nuestros trabajos en el interior, concentrándonos en reparaciones de mantenimiento y asegurándonos de que los animales estuviesen bien atendidos. Secamos y almacenamos más alimentos y en el exterior preparamos pequeñas heladeras para dejarlas en la fría tierra.

Los vientos helados empezaron pronto a barrer a través de la desprotegida llanura norte de China. Los monzones de invierno, secos y polvorientos, soplaban desde Mongolia y desde el distante desierto del Gobi. Hubo días que se sentían muchísimo más fríos que los del cortante invierno de Ohio. De noche, una pequeña estufa de leña nos mantenía calientes, pero nada pudo hacer contra el polvo que se depositaba sobre todas las cosas.

En nuestras sesiones de taichí intensificamos la práctica del empuje de manos trabajando en parejas. Los compañeros alternaban entre los papeles activo y receptivo, entre empujar y ceder, cambiando el peso desde la plenitud hasta la vaciedad, como habíamos aprendido. El más relajado de la pareja desplazaba fácilmente al otro y lo mandaba escorado hacia atrás a que otro alumno lo agarrase. Yo tenía muy poca experiencia previa y fui obligado muchas veces a dar uno o varios pasos hacia atrás cuando mi compañero detectaba un punto de tensión. Era frustrante y me dejaba día tras día con una sensación de ineptitud.

Desde hacía ya algún tiempo también encontraba difícil escribir. Durante las primeras sesiones había creado páginas con lo que, volviendo la vista atrás, parecía mucha facilidad; ahora a veces me pasaba la tarde entera con una o dos frases.

Aunque el taichí y la escritura me resultaban frustrantes, en el entrenamiento el ejemplo de los demás alumnos me hacía avanzar, por no hablar del apoyo afable de Chun Han. En cierta ocasión, mientras él y yo nos ayudábamos con los estiramientos, me pareció captar una media sonrisa de aprobación en el Maestro Ch'an. No tuve tiempo para disfrutar del momento por causa del dolor en los músculos de mi muslo derecho, que no se habían recuperado completamente del accidente de motocicleta que tuve años antes.

Entretanto, los vientos rara vez disminuyeron. Cuando sus glaciales susurros se volvieron aullidos y el polvo y la nieve soplaron como nevisca, la granja perdió parte de su encanto. En los momentos tranquilos cerraba los ojos y me replegaba en los recuerdos de mí mismo recostado en la cálida arena de una playa californiana.

A la mañana siguiente me desperté tan agarrotado que tuve que correr en el sitio para descongelarme. Más tarde, Chun Han y yo continuamos nuestra costumbre de compartir una taza de té y de intercambiar unas cuantas palabras nuevas en mandarín y en inglés. Me parecía muy difícil recordar que cada palabra de mandarín tenía significados diferentes dependiendo de cuál de las cuatro entonaciones se utilizase. A Chun Han le pareció igualmente difícil dominar la pronunciación inglesa, como la vez que me preguntó si quería una «serpiente» (*snake*), cuando quería decir un «tentempié» (*snack*); pero, con la ayuda de las divertidas imágenes hechas con palotes que dibujábamos para transmitir ideas, conseguíamos entendernos la mayoría de las veces.

Según proseguía mi entrenamiento en taichí y conforme empecé a ejecutar las formas con más precisión y niveles más profundos de relajación, experimentaba de vez en cuando lo que yo llamaba «ataques», o pulsos de energía que fluían a través de mí. Según iban cayendo capas aún más tupidas de tensión, era consciente de los lugares atorados donde permanecían tensiones sutiles. Poco a poco, mi práctica de empujar manos mostró señales de mejoría; pero tan pronto creía que ya había dominado algo, por pequeño que fuera, alguien me mandaba a volar.

¿Habría hecho algún progreso real para cuando Hua Chi apareciera? ¡Ay, si pudiera pasar un poco de tiempo trabajando mano a mano con el Maestro Ch'an! Pero eso no parecía muy probable; incluso los alumnos más avanzados se entrenaban con otros alumnos. Al menos me sentía agradecido de que Mei Bao se pasara por mi lado a menudo, siempre deseosa de traducir una pregunta o de explicar algún punto sutil.

Una noche, tras la cena, en un momento de malhumor le pregunté cómo había evitado el Maestro Ch'an que el lugar se convirtiera en una especie de secta.

–Al fin y al cabo –manifesté–, es una granja aislada, bajo la única autoridad de una figura central y carismática...

Las cejas de Mei Bao se crisparon. Dijo que le haría esa pregunta al Maestro Ch'an.

Al día siguiente regresó con la respuesta. Con un movimiento del brazo señaló el granero, los campos, la casa pequeña y el pabellón.

–Quizá en cierto sentido *seamos* como una secta, pero ¿parece una secta maligna? ¿Están hipnotizados los alumnos? ¿Son enfermizos, son infelices? ¿Los explotamos? Mira con tus ojos, siente con tu corazón. Y también podrías pensar con tu cerebro. –Lo que dijo después mostró una franqueza inesperada–: Si miras más allá de esta granja a toda China, encontrarás millones de personas que viven bajo la autoridad absoluta del «gran timonel», cuyas palabras tiene que memorizar y recitar en voz alta todo el mundo. Decretos y dictámenes absolutos, manipulación y propaganda. Los hermanos se han vuelto contra los hermanos, los hijos contra los padres, los padres entre ellos... Todos intentando superarse unos a otros en sus entusiastas exhibiciones de fervor y apoyo incondicional; todos buscando la aprobación del líder supremo.

»Ahí es donde encontrarás esa secta, en la que Dios es el estado y el estado es un hombre, servido por aquellos que o se ponen en la fila, o los eliminan. –Se detuvo de repente; yo no estaba seguro de que hubiera tenido la intención de hablar tan libre y contundentemente–. El Maestro Ch'an y yo creemos que nuestro pueblo dejará atrás este período de nuestra historia.

–¿Eso son palabras del Maestro Ch'an, o las tuyas propias? –pregunté, hablando más abiertamente de lo que tenía pensado.

–No tiene importancia de quién sean las palabras que expresan esta idea –dijo con prudencia–; sigue siendo cierta.

Esa frase final resonaba en mi mente cuando volvía al granero después de la cena. Antes de seguir escribiendo, leí otra vez las pocas páginas que había conseguido redactar durante las últimas semanas:

> ¿Eras consciente de recién nacido de un yo interior?, ¿o aprendiste ese sentido de identidad como una costumbre social? En los primeros uno o dos meses después del nacimiento, la pura consciencia existía en un estado onírico de unidad indiferenciada, nadando en una sopa de sensaciones que no tenían sentido, que no tenían significado; pero poco a poco, durante el primer año de tu vida, ese nuevo sentido de «tú» empezó a comprender lo que querían decir tus padres cuando señalaban a tu cuerpo y te llamaban por un nombre.
>
> Cada niño que da sus primeros pasos alejándose de este estado de consciencia extensa aprende a ordenar sus percepciones alrededor de un punto focal llamado «Yo». Solo después, de adulto, se puede descubrir el camino de vuelta al jardín de la inocencia al tiempo que se mantiene la sabiduría de la experiencia. Hasta se puede aprender a cruzar de un lado al otro entre los dos mundos. Los maestros espirituales, los artistas, los jardineros, los médicos, las manicuras, los alumnos y los mendigos pueden buscar -en cualquier momento y por cualquier razón- algo que no pueden nombrar: el deseo de un mirador más elevado desde el que captar la verdad mayor y las posibilidades infinitas de sus propias vidas.

Al principio sentí que mis dudas retrocedían; pero ¿qué había logrado con esa traducción de las ideas de Sócrates? Él valoraría mis palabras; sin embargo, ¿qué haría otro lector con ellas? ¿Puede realmente una persona cruzar un puente entre mundos de un momento a otro? Pasé unas pocas páginas hacia atrás para releer lo que había escrito:

> No se necesita hacer realidad la iluminación absoluta para encontrar alivio. Incluso en medio de un día corriente, un cambio sutil en la consciencia puede ser un puente entre lo temporal y lo trascendente, que nos libere por un momento del miedo a la muerte y nos revele la entrada a la vida eterna.

Incluso mientras combinaba las percepciones de Sócrates con mis palabras, cuidadosamente escogidas, pensé en descartar esas ideas tan elevadas que me resultaban especulaciones nada prácticas, pero no estaba convencido de tener autoridad para hacerlo. A lo largo de la época en que habíamos entrenado juntos, Sócrates me dijo cosas que al principio parecían estrafalarias, pero más adelante sus palabras llegaron a sentirse como algo más verdadero y esencial que todas las lecciones recibidas en mi juventud. Esos recuerdos eran tan vívidos que llegué a sentir como si pudiera encontrar la oficina de la estación de servicio de Sócrates en la habitación de al lado. En ese estado mental decidí abordar una de sus ideas más difíciles, que tenía que ver con la cuestión y la paradoja de la identidad, con sus beneficios y sus responsabilidades:

> Tu identidad como «hombre, mujer, miembro de un grupo profesional concreto, club, tribu o religión» aporta una sensación de pertenencia

y comunidad; pero toda integración engendra una exclusión, todo yo genera un otro y todos los nosotros crean un ellos.

Todos los días experimentas los vínculos empáticos de identidad con la familia, los amigos y los amantes. Te identificas con los personajes de la literatura y del cine, lo que te habilita para sumergirte en mundos de historias que trascienden el yo miles de veces a lo largo de una vida. Y lo mismo que puedes identificarte con un personaje de un relato y saber al mismo tiempo que en realidad no eres ese personaje, puedes descubrir que tú también interpretas un personaje en la vida cotidiana.

Darse cuenta de esta realidad abre una brecha en el tejido del mundo que te posibilita pasar a través de él. Se hace posible vivir como si tuvieras un yo sin estar aprisionado por él. Esto señala el inicio de la libertad y de la vida espontánea, en la que la coherencia es algo valorado, las expectativas se pasan por alto y la autotrascendencia no es solo una posibilidad, sino una práctica.

A medida que las fronteras del limitado yo -el aislado e inmutable yo- se hacen permeables y transparentes, la idea de la muerte se vuelve más endeble, menos trascendental y más abierta al cuestionamiento y la interpretación. ¿Qué efecto tendrá esto conforme sopeses la pérdida de algo que podría no existir cabalmente?

Pasaron las semanas. Pensé a menudo en mi hija, aunque sabía que no había forma alguna de llegar a ella. Reflexioné sobre la clase de padre que quería ser cuando volviéramos a estar juntos. En el frío de finales de febrero, cuando los montones de nieve habían disminuido, Mei Bao me invitó a acompañarla a la aldea Taishan, una caminata de media jornada. Escribí la postal que había comprado en Hong Kong por si acaso.

Salimos al día siguiente después del amanecer. Avanzábamos aprisa, agachándonos para pasar por las ramas bajas, pisando sobre troncos caídos. Estaba claro que a Mei Bao no le preocupaba perderse en el bosque. A veces el camino se estrechaba, y eso me facilitaba poder seguirla de cerca.

–¿Por qué haces tú misma estos viajes? –le pregunté–. ¿No puedes hacer que alguien del pueblo te lleve lo que necesitas?

–Eso no sería posible –dijo–. Como sabes, no es fácil encontrarnos.

–Yo os encontré.

–Estabas predestinado.

–¿Eso crees?

No respondió.

Más adelante, cuando pudimos andar uno al lado del otro de nuevo y su ritmo aminoró, me interesé sobre algunos detalles de su vida: de dónde venía, cómo había aprendido inglés...

Al principio no dijo nada, quizá porque se preguntaba cuánto contar; luego empezó, titubeante:

–Nací en Hong Kong y mis primeros recuerdos son felices. Cuando tenía seis años, el edificio de apartamentos donde vivía con mi familia se quemó. Fue en la madrugada. A veces, cuando todos los demás dormían, yo bajaba a gatas de mi cama y jugaba en el suelo. Al empezar el fuego, una viga en llamas cayó directamente sobre mi cama vacía –dijo, tocándose la cicatriz de la mejilla–; la viga rompió también una ventana, lo que me permitió escapar. Mis padres, mis hermanas y hermanos, todos los demás del edificio..., todos murieron. Todos menos yo. Me sentí indigna al ser la única superviviente.

»Como no quedó nadie para cuidarme, vagabundeé por las calles mendigando. Unos pocos se apiadaron de mí, pero al final nadie quería una niña con una cicatriz. Con el tiempo, por azar o por destino, atiné con el camino a la casa de Hua Chi, aunque aún no la conocía. Simplemente encontré su jardín, un bosque de flores que parecía un buen lugar para esconderse por la noche. De día iba a mendigar y regresaba al jardín cada noche para dormir en mi nuevo refugio. Desde mi escondite observaba a Hua Chi salir de la casa todas las mañanas y regresar al atardecer. Al principio no me dejé ver, por miedo a que ella me regañase y me prohibiese dormir allí.

»Hua Chi me dijo después que había sabido de mi presencia desde el primer día. Sus sentidos son muy agudos. Solo más adelante empezó a dejar algunas frutas sobre una servilleta blanca cerca del lugar donde yo me ocultaba. Al principio creí que alimentaba a los pájaros, pero cuando me di cuenta de que eran para mí, me mostré. Un día regresó y me encontró sentada en los escalones de la puerta delantera, esperándola. A ella le gusta contar todo esto, siempre menciona lo esmeradamente que yo doblaba la servilleta. –Mei Bao parecía perdida en sus recuerdos. Sus dedos se movían como si estuviera otra vez plegando la servilleta–. Hua Chi me acogió, me enseñó a vivir, me envió a colegios donde aprendí idiomas: inglés, francés y alemán. Yo estudié diligentemente para complacer a mi nueva madre.

»Me animó además a que me adiestrase en varios estilos de artes marciales. Dijo que era por mi salud, pero yo sentía también que quería que no volvieran a aprovecharse nunca de mí. Cuando cumplí once años, me trajo a este lugar; el Maestro Ch'an ha sido mi padre desde entonces.

De repente, la atención de Mei Bao volvió al presente. Se volvió y señaló hacia las sombras.

–Allí... Mira.

Dos ojos brillantes y una cara negra como la noche se esfumaron en cuanto los vi.

–Un leopardo –dijo–, uno de los guardianes.

Después de aquello miré por encima del hombro muchas veces mientras seguíamos en el camino.

Cuando llegamos a las afueras de la aldea –antes de lo que yo esperaba, dada mi última experiencia solo en el bosque–, Mei Bao me aconsejó que esperase a cubierto bajo los árboles. Me sentí decepcionado, pero comprendí su cautela y accedí. A ella no le haría ningún bien que la viesen con un extranjero. Hasta desde ese puesto remoto las *noticias* viajaban rápido y lejos.

Casi me olvidé de darle mi tarjeta postal y un poco de dinero chino, para que se la enviara a mi hija en mi lugar. Ella dudó un momento y luego asintió.

–Escribiré algunos caracteres chinos en la parte de arriba antes de dársela al tendero; así será menos probable que se dé cuenta de lo escrito en inglés.

No tuve que esperar mucho. Mei Bao regresó acarreando rollos de tela de algodón y seda, así como frutas desecadas. Yo llevé conmigo la mayoría de sus compras en un paquete improvisado que me dio. Había logrado enviar la tarjeta postal sin problemas.

En el camino de vuelta nos detuvimos a recoger algunas bayas rojas de gayuba y recolectamos unos ramitos de la hierba *Hong Hua* para el Maestro Ch'an. Mei Bao sabía exactamente dónde encontrarla barriendo la capa de nieve.

Avanzábamos bien siguiendo las mismas huellas que habíamos marcado antes en la nieve cuando oí un estruendo, como el de un árbol al caer. Alcé la vista y vi horrorizado que Mei Bao caía dando vueltas hacia atrás a un lado del camino. Alzado sobre ella, embistiéndola, estaba el mismo oso enorme que había hecho que me lanzara como un rayo sobre el barranco.

22

VEINTIDÓS

Mei Bao estaba tumbada bocarriba cuando el oso levantó una garra mortífera. Lo siguiente que recuerdo es que yo estaba embistiéndolo. Oí un grito feroz: el mío. Sorprendido, al parecer, el oso reculó y se alejó. Creí oír un gemido y fui en ayuda de Mei Bao. Tenía una mano apretada sobre la boca... ¡para sofocar la risa!

–¿Qué demonios ocurre?, ¿no estás herida?

–No, Dan. –Empezó a reírse tontamente cuando retiró la mano de la boca–. Estoy bien; pero es posible que hayas lastimado los sentimientos de *Hong Hong*. Él solamente estaba jugando conmigo.

–¿Hong Hong?, ¿es que tiene nombre?

–¿Por qué susurras? –Se rio más fuerte todavía y era incapaz de hablar. Oí un ruido, me volví y vi a *Hong Hong* rascándose contra un árbol.

–No lo asustes más, por favor –dijo Mei Bao, poniéndose de pie–. En realidad es un oso muy bien educado. Él también es un guardián del bosque. Ya quedan pocos animales amansados, pero *Hong Hong* es muy especial para nosotros. A menudo se me acerca sigilosamente, o lo intenta, y me hace caer de un empujón. ¡Me alegra mucho que no le hayas hecho daño!

Yo no me creía mucho lo que decía, hasta que estiró el brazo para rascar la piel del cuello del oso y este se puso tranquilamente otra vez a cuatro patas.

–Di que lo sientes, Dan; sus sentimientos son muy delicados.

Elevé la mirada hacia su hocico.

–¡Hola!, esto... siento haberte asustado, *Hong Hong*. –Le tendí la mano, preguntándome si la recuperaría. El oso la olisqueó ruidosamente, echó otro vistazo a Mei Bao, gruñó y luego se movió pesadamente hacia el bosque.

–Creo que le gustas –dijo–. Has sido muy valiente, tú no sabías que estaba amansado. *Hong Hong* puede poner nerviosos a algunos...

–No me digas. –Recordé mi primer encuentro con él.

Mei Bao dijo riéndose:

–Has mostrado mucho valor al intentar salvar mi vida; te estoy agradecida. –Y me hizo una reverencia.

–Me recuerda una vez que hice que un toro agresivo saliera corriendo.

–¿De veras? ¿Cómo lo hiciste?

–Fue fácil. Yo salí corriendo y el toro corrió detrás de mí.

Se rio otra vez. Parecía que ahora el sol pendía exactamente sobre su cabeza. Ella también se dio cuenta.

–Será mejor que aumentemos el ritmo si queremos llegar a la escuela antes del anochecer.

Media hora después, cuando atravesábamos el campo de cultivo, solo la gata de la granja vino a darnos la bienvenida con un sonoro *miau*.

—¿Podrías traducírmelo? —pregunté.

Como respuesta, Mei Bao dijo en un discreto alarde de ingenio:

—Podría si ella hablase mandarín, pero solo habla *gatonés*.

Fui directamente a la cama, demasiado cansado para escribir por aquella noche; pero al día siguiente, durante el descanso de la mañana y el de la tarde, empecé a trabajar para desarrollar lo que Sócrates tenía que decir de la fe y de la ciencia:

> La ciencia y la fe representan dos visiones del mundo diferentes que manifiestan la paradoja de las verdades convencional y trascendental; la una, del cuerpo y la otra, del alma. Si una idea puede examinarse, cae dentro del terreno de la ciencia; si no, reside en el ámbito de la fe. Ambas merecen respeto, pero no confundamos la una con la otra. La ciencia ha surgido como el método predominante para examinar la realidad. La fe sigue siendo una fuente de inspiración y de consuelo para muchos. La ciencia y la tecnología pueden conducirnos a un futuro más luminoso y pacífico; la fe nos llama hacia nuestros más altos ideales de amor y de servicio, y hacia nuestra unidad fundamental. En los confines más alejados de la investigación científica nos enfrentamos con enigmas que limitan con la fe. Al hacerse la fe consciente de sí misma viendo los límites de las viejas historias, encuentra nuevos relatos que resuenan con la evolución de la sabiduría humana.
>
> Todos los modelos o concepciones perdurables que te anclan a una realidad consensuada -incluso las ideas religiosas o metafísicas acerca de Dios, el alma, el cielo o la reencarnación- sobreviven porque afirman

que pueden desentrañar y explicar el misterio de la vida. Tú puedes aceptar tales ideas como verdades reveladas o como metáforas, según tus valores y necesidades o puedes rechazarlas. Que las teorías de la ciencia o los artículos de fe sean ciertos podría ser menos importante que saber si son útiles. ¿Aportan consuelo o claridad? ¿Te ayudan a percibir verdades más altas, o te arrastran más profundamente en la ilusión? Puedes escoger por ti mismo lo que sostengas como verdadero, pero no puedes decidir por los demás.

En la granja, donde la vida era tan sencilla y tan práctica mientras trabajaba, entrenaba, enseñaba, comía y dormía, se hacía raro expresar ideas tan elevadas sobre la naturaleza y el significado de nuestra existencia. Incluso cuando les recordaba a mis alumnos que asociasen su entrenamiento acrobático con la práctica de la vida, me preguntaba: «¿Es todo esto castillos en el aire y especulación filosófica, o hay algo que me he perdido? ¿Me ayudará este escrito a encontrar el sentido que busco, o debo abandonar la búsqueda por completo?».

Aquella noche di vueltas y vueltas en la cama. Cuando oí el canto del gallo, no estaba seguro de si había dormido o no. Ese día me consumió tanto la duda que decidí dejar mi propio diario a un lado durante unos días y volví a las notas de Sócrates, leyéndolas una y otra vez. «¿Buscas otra señal, Dan?», me burlé de mí mismo tras otra noche más de agitadas consideraciones.

La noche siguiente decidí no ir a dormir, ni siquiera levantarme del escritorio, hasta que hubiera hecho un intento verdadero para responder mi propia pregunta. Volví a las primeras páginas que había redactado, cuando escribir era muy fácil. Una frase concreta me vino a la mente: «Jugamos como si importase». *Como si*... Pensé y empecé a escribir:

> Incluso desde una perspectiva individual, en cualquier momento dado se puede experimentar y percibir el mundo desde cualquiera de los dos niveles.
>
> Desde un punto de vista convencional, apropiado para tratar con los asuntos de la vida cotidiana, uno vive como si fuese un yo individual: lo que uno percibe y lo que ocurre es real e importa. Desde un punto de vista trascendente, uno se ve menos apegado y más exultante (o ilógicamente feliz); vive como si uno mismo y el mundo fueran parte de un sueño fascinante. Cada una de las perspectivas aporta una experiencia diferente. Como dice el proverbio, «dos hombres miraron fuera a través de los barrotes de la prisión; uno vio barro, el otro vio estrellas».
>
> Se puede acceder a cualquiera de los dos estados de consciencia por medio de un cambio de atención. En cualquier momento o circunstancia dados, se puede seguir siendo plenamente operativo en el mundo convencional incluso mientras se reconoce la trascendente visión que buscan por todas partes los religiosos y los practicantes espirituales.

Volví a leer lo que había escrito y lo dejé reposar un rato antes de estar preparado por fin para regresar a las cuatro paradojas.

> Desde el punto de vista convencional, estas cuatro afirmaciones son ciertas:
>
> * Primera: el tiempo pasa.

* Segunda: tú haces elecciones libremente y eres responsable de ellas.
* Tercera: tú eres (o tienes) un yo interior.
* Cuarta: la muerte es real, inevitable y definitiva.

Estas cuatro afirmaciones se apoyan en tu experiencia cotidiana y en la realidad consensuada.

Desde el punto de vista trascendente, las cuatro afirmaciones siguientes también son ciertas:

* Primera: el tiempo es un concepto humano; solo existe el eterno presente.
* Segunda: tus elecciones se predeterminan por una cadena de factores internos y externos.
* Tercera: no existe ningún yo interior separado; solo existe la misma Consciencia que brilla a través de miles de millones de ojos.
* Cuarta: la muerte no puede existir, porque esa Consciencia no ha nacido nunca y jamás puede morir.

Estas cuatro afirmaciones se basan en una perspectiva ampliada y se apoyan en las conclusiones y los testimonios de numerosos adeptos espirituales, monjes, místicos, filósofos y un número creciente de científicos que han captado, o al menos entrevisto, otra clase de realidad.

Estate satisfecho con mirar las verdades trascendentes como miras las estrellas, que ves claramente solo de vez en cuando. Para explorar a través de las nubes y de la niebla, echa una mirada más de cerca a las verdades convencionales y las trascendentales de las cuatro paradojas:

El tiempo pasa. No existe el tiempo, solo el presente eterno.

El tiempo es un concepto humano que aceptamos como real. La segunda manecilla se mueve y los minutos hacen tic-tac: horas, días, años. A las diez en punto recuerdas lo que hacías a las nueve. Hablas de ayer, de hoy y de mañana conforme el tiempo se mueve hacia delante sin esperar a nadie. Los cuerpos que envejecen -el tuyo y los de aquellos con quienes compartes tu vida- son la prueba del paso del tiempo.

Desde un punto de vista trascendente, todo lo que tienes es este (y este, y este) momento presente. Todo lo demás es recuerdo, lo que llamas pasado, e imaginación, lo que llamas futuro; pero el pasado ya no existe y el mañana nunca llega.

Estás sentado en un bote que flota por el río del tiempo. Alguien en la orilla ve la vista convencional de un bote que se mueve desde el pasado hasta el presente, hacia el futuro, incluso mientras tú te sientas absolutamente inmóvil en el eterno presente.

Eres libre de elegir. Cada elección está condicionada por todo lo que vino antes.

Haces elecciones todos los días, limitado por las circunstancias. Con cada decisión manifiestas tu libertad de elegir. Por consiguiente, eres responsable -en algún grado- de tus elecciones así como de sus consecuencias legales y morales. La sociedad humana funciona más serenamente cuando se acepta esta realidad.

Desde una perspectiva trascendente, tus elecciones y tus actos surgen como una consecuencia natural e inevitable de todas las fuerzas históricas, genéticas y medioambientales que te han dado forma. Como dijo un sabio: todos los sucesos que han ocurrido -el nacimiento de cada estrella, de cada molécula, de cada vida que evoluciona o de cada acción emprendida por cualquiera que haya vivido jamás-, te han traído a este momento. Puedes elegir lo que deseas, pero ¿puedes elegir lo que eligirás?, ¿o lo que aparentemente son tus decisiones fluyen desde factores inconscientes?

Me sentí complacido por haber transmitido el sentido y el mensaje de Sócrates, pero me desazonaba la idea de que nuestras elecciones estén predeterminadas. Si el libre albedrío fuese una ilusión, ¿qué hay de la responsabilidad?

Pensé en los iconos de la historia: grandes filósofos, villanos y santos. ¿Escogieron el camino que los llevó a la fama, a la deshonra, al martirio? ¿Puede conocer o elegir nuestro futuro cualquiera de nosotros? ¿Nos empuja nuestra voluntad, o a nuestras vidas las moldea una mezcla de destino y suerte?

Seguí escribiendo mientras tales reflexiones se agitaban en mi mente.

Nosotros somos yoes separados. Nosotros somos una misma Consciencia.
En cualquier momento que se dé, los otros cuerpos no sienten nuestro dolor, ni albergan nuestros pensamientos, ni experimentan nuestras emociones. Así pues, uno funciona como un yo independiente. Con cada equivocación uno se hace nuevamente consciente de la separación.
Desde una perspectiva trascendente, el «Yo» es una ilusión. Miles de millones de cuerpos viven sus vidas diarias sin la necesidad (o la existencia) de un ser interior independiente.

La muerte es real. La vida es eterna.
Si has estado al lado de una persona agonizante, o has visto un cuerpo después de la muerte, has observado esa realidad. El cuerpo se

enfría y enseguida empieza a descomponerse. La chispa de la fuerza vital que brilló alguna vez a través de los ojos de ese cuerpo se ha extinguido.

Desde una perspectiva trascendente, los cuerpos vienen y van sin tener más efecto en la Consciencia que lo que una hoja que cae de un árbol afecta al todo. Puedes llorar la pérdida que asocias con la muerte del cuerpo físico, pero sin aceptarla como la única verdad. En el eterno presente, incluso cuando los seres amados se desprenden de la cáscara de la separación siguen viviendo en tu memoria y en el recuerdo de todas las maneras en que te conmovieron durante el transcurso de vuestro tiempo juntos.

Aquello a lo que te refieres como «Yo» no es meramente consciente: «Yo» es Consciencia que nunca nace y jamás muere. Con este entendimiento, la muerte del cuerpo físico se vuelve completamente natural y admisible. Los sabios aceptaron la vida como venía, y aceptaron la muerte sin preocuparse.

Tú puedes captar este conocimiento ahora; luego es posible que lo olvides, y que más tarde lo recuerdes. En esos momentos de rememoración, cuando esta verdad trascendente penetra en tu corazón, te das cuenta de quién eres en realidad y alcanzas la vida eterna. El poeta Alfred Tennyson experimentó esta comprensión precozmente:

> Por medio de repetir quedamente mi propio nombre desde la niñez, llegó una profunda consciencia de individualidad, que luego pareció diluirse y disiparse en un ser ilimitado; y eso no fue un estado confuso, sino claro y seguro, completamente más allá de las palabras, donde la muerte era una imposibilidad casi irrisoria.

Me sentía cansado de forcejear con ideas nuevas y viejas y no estaba en condiciones de considerar nada más, al menos por esa noche. Recordé algo que me dijo Sócrates una vez: «No existe la victoria sobre la muerte; solo existe la comprensión de quién somos todos verdaderamente». Ahora podía entender lo que quería decir. Aun así, seguiría doliéndome de la muerte de amigos y seres queridos desde un estado de consciencia convencional, pero empezaba a captar la idea de que tal pérdida no era la única verdad. Mis abuelos permanecían conmigo incluso en esos momentos, en mi memoria, en mi corazón y en las muchas formas que tuvieron de motivarme durante el transcurso del tiempo que pasamos juntos.

23

VEINTITRÉS

La primavera llegó temprano, lo mismo que había hecho el invierno. Seguramente Hua Chi llegaría pronto, si es que venía. Empecé a sentirme inquieto de nuevo, consciente una vez más de que esa escuela, esa granja, era una parada intermedia y no mi destino final.

Esa noche me quedé levantado para completar los escritos. No estaba preparado para que se terminasen tan pronto, pero logré transcribir la parte final casi palabra por palabra. En lo que parecía un período de lucidez y una explosión de energía, Sócrates debió de haber vertido también sus palabras finales en frenéticos momentos de inspiración y completar su trabajo antes de abandonarlo en la montaña.

Ambos estados de consciencia, el convencional y el trascendental, tienen importancia. Si no puedes encontrar la paz aquí, en la vida diaria, no la encontrarás en ningún otro sitio. Llegar más allá de la mentalidad convencional no es un acto de la voluntad, sino de la rememoración. Cuando has experimentado una relajación profunda, se hace más fácil regresar a ese estado. Lo mismo será cierto una vez que hayas saboreado lo trascendente.

Incluso en momentos de consciencia elevada, todavía tendrás que sacar la basura y hacer la colada; de manera que en medio de la vida cotidiana -mientras haces lo que haces según todo lo que te ha moldeado- sería sensato que vivieras como si el tiempo existiese, y así podrás mantener un calendario organizado. Vive como si hicieras elecciones conscientes, y así podrás responsabilizarte de ellas. Vive como si los accidentes ocurriesen, y así podrás estar vigilante. Vive como si fueras una persona individual e independiente, y así valorarás plenamente tu valía innata y tu excepcional destino. Y vive como si la muerte fuese real, y así podrás saborear la hermosa oportunidad que es la vida sobre el planeta Tierra.

Hasta que experimentes directamente las verdades trascendentes, permanece abierto a la posibilidad. Puedes tender un puente entre la consciencia convencional y la trascendental cuandoquiera que recuerdes cambiar la consciencia de la una a la otra, según las necesidades del momento. Mientras tanto, mantén la fe con la paradoja, el humor y el cambio; y honra las ilusiones que se apliquen aún a la vida diaria.

No ha sido nunca fácil elevarse sobre las circunstancias y valorar la perfección de la vida que se despliega. Tu atención permanecerá concentrada en las tareas diarias la mayor parte del tiempo, muy apropiadamente; pero de vez en cuando recuerda tu sentido del equilibrio, de la perspectiva y del humor: son las mejores partes de la sabiduría.

Bienvenido al territorio de la carne y del espíritu, y a las verdades que dan vida a cada uno de ellos. Bienvenido a casa.

Con esas palabras finales mi trabajo estaba completo y acabada mi parte en todo ello, al menos por el momento. Las palabras sabían a verdad mientras permanecía sentado junto a ese pequeño escritorio de una granja, en un bosque que estaba al otro lado del mundo de donde se encontraba mi hogar.

Cuando releí mis propias palabras –sorprendido de ver solo veinte páginas de texto manuscrito–, las experimenté no como su autor, sino más bien como el traductor de las percepciones de mi guía.

Tuve que enfrentarme al hecho de que mi propia consciencia, quizá como la de la mayor parte de la gente, se concentrase sobre todo en el nivel convencional; pero, también como la mayoría, yo tenía ansias de trascendencia, anhelos de alguna clase de liberación. Supuse que eso mismo residía en el núcleo de todas las religiones y caminos espirituales. Aparte de los esporádicos vislumbres y visiones que Sócrates creó en el pasado, o los que percibí mediante la meditación, las drogas psicodélicas u otros medios místicos, yo no tuve acceso directo a los estados trascendentes a los que él se refería, excepto por medio de aquel cambio de atención, de aquel acto de rememorar.

Sabía que importantes filósofos, físicos y psicólogos habían escrito con exquisito detalle, a veces insoportable, sobre la naturaleza del tiempo, de la elección, del yo y de la muerte desde varios puntos de vista; pero la comprensión de la paradoja que tenía Sócrates –la naturaleza de las verdades convencional y trascendente– fue el primer modelo que encontré que reconciliase esos puntos de vista contradictorios. Solo podía esperar que esas percepciones existenciales, tal como yo las había expresado, pudieran conformar las vidas de otros como habían dado forma a la mía. Yo era todavía un trabajo sin acabar, pero ya había entrevisto el destino.

Dos días después, cuando el sol desaparecía tras las montañas, me metí en el arroyo y me senté bajo la cascada que Chun Han y yo habíamos construido. Dejé que el agua me golpease la cabeza y los hombros, limpiando mi cuerpo y mi mente. A través de la cortina de agua que caía sobre mí, oí risas y el ronco ladrido de Chun Han.

Después, esa misma tarde, nos reunimos para celebrar la llegada de la primavera. Dondequiera que mirase veía luces de colores, chisporroteantes fuegos artificiales, disfraces resplandecientes y remolinos de acróbatas: mis alumnos. Esa noche yo no era el entrenador. Bajo la dirección de Chun Han, los estudiantes saltaban al aire una y otra vez celebrando su liberación de las habituales ataduras de la gravedad.

Un grupo me agarró por los brazos y me llevó a una danza salvaje. Los jóvenes de caras brillantes, hombres y mujeres, hacían piruetas dando vueltas en círculo y cantaban un sonsonete chino una y otra vez, hasta que me perdí entre las luces y las risas, flotando sobre el suelo del pabellón donde todo el mundo parecía más ligero que el aire. Y en algún lugar aparte oí que unos cuantos cantaban «rema, rema, rema con tu bote suavemente por la corriente...».

Al caminar de regreso hacia mi tranquilo altillo a primeras horas de la mañana, aún podía oír los sonidos de la mandolina, la flauta, el dutar y el tambor elevándose hacia el cielo nocturno, flotando hacia una luna tan brillante y amarilla como un queso de leche de yak. Por impulso, me di un paseo junto a la que ahora llamaba «Cascada de Chun Han», para echar un último vistazo a las saltarinas aguas a la luz de los farolillos y de una luna poniente.

Yo tenía mis propias razones para celebrar, ya que había cumplido la misión que justificaba mi temporada allí y había conseguido lo que me parecía imposible unos meses antes, cuando encontré la carta de Sócrates. Me sentí como si el gran río del Tao me hubiese transportado como una hoja por sus cambiantes corrientes.

A veces esas corrientes dan un brusco giro.

Al día siguiente, después de la cena, regresé a mi altillo y metí la mano en la mochila para sacar los diarios como había hecho tantísimas veces, deseando revisarlos otra vez.

Vacié la mochila, perplejo. Luego busqué por cada rincón del altillo. Dos veces. No tenía sentido, pero debía reconocer que había ocurrido: tanto el diario de Sócrates como mi cuaderno habían desaparecido sin dejar rastro.

24

VEINTICUATRO

Desearía poder decir que los meses de entrenamiento y de escritura me habían proporcionado un sentido duradero del desapego y me habían preparado para aceptar esa pérdida con elegancia, pero en aquel momento un estado tal de indiferencia me parecía idealista y estaba lejos de mis capacidades. Mientras me asaltaban pensamientos autocríticos –«¿Por qué no fotocopié el diario de Sócrates en Hong Kong cuando tuve la oportunidad? ¿Por qué no pensé en copiar a mano cada página mientras escribía?»–, las emociones y la adrenalina inundaban mi cuerpo.

«Debo haberlos puesto en otro sitio», pensé. Esa idea desencadenó otra ronda de búsqueda furiosa... e infructuosa. «Podría ser que haya andado dormido y los haya dejado en algún lugar». No, había visto los diarios aquella misma mañana. Entonces comprendí cómo debió de sentirse Sócrates al recobrarse de su fiebre sin el diario y sin tener una idea clara de su localización.

«¿Quién podrá habérselos llevado?», me pregunté. No tenía sentido; nadie de la granja tenía razón alguna para llevárselos. Para empezar, ni sabían que existían. Nadie salvo Mei Bao podría siquiera leerlos, y ella no tenía más que pedirlos. Imaginé su cara y las de Chun Han, el Maestro Ch'an y mis alumnos. Al meditar sobre cada uno de sus rostros, mi cuerpo se relajó. El pánico y la ira, que habían alcanzado una intensidad extrema, se apagaron. Conforme se relajaba mi cuerpo, también lo hacía mi mente. Por último, acepté la realidad: los diarios no estaban allí. No tenía ni idea de dónde podrían estar. No iba a pasar nada durante la noche, así que con esa idea me entregué al sueño.

A la mañana siguiente cuando iba camino de encontrarme con Mei Bao, me detuve bruscamente al ver cómo una silueta conocida, con hebras blancas en el cabello y ropa deportiva, subía las escaleras de la casa principal.

–¡Hua Chi! –Me apresuré hacia allá.

Ella se volvió y sonrió, diciendo:

–¡Qué bienvenida tan entusiasta al estilo estadounidense!

Al oír eso me detuve e hice una reverencia. Me miró larga y aprobatoriamente.

–Tiene buen aspecto, Dan. Habría venido antes de no haber sido por las heladas. Saldremos en unos días.

–Hua Chi, tengo que decirle...

–Hablaremos pronto, Dan. Sin duda tiene mucho que contarme, pero primero debo presentar mis respetos a mi hermano y a Mei Bao.

Para que no la hiciese desistir de su propósito, Hua Chi se volvió y desapareció tras la cortina de cuentas, donde aquellos que podrían tener respuestas a mi dilema estaban ahora recluidos. Me marché de mala gana a unirme a las tareas de la mañana. Ni siquiera estaba seguro de lo que le diría primero, ya que todo había ocurrido durante su larga ausencia; pero empezaría con la desaparición de mis diarios.

Había intentado convencerme a mí mismo de que la pérdida del diario de Sócrates y de mi cuaderno no importaba en el fondo. El mundo no se había salido de su eje, solamente mi mundo, mis objetivos. El suceso mismo, los diarios perdidos, era un hecho; era mi reacción ante la pérdida lo que me preocupaba.

Después del trabajo en la granja y del almuerzo, Hua Chi se encontró conmigo y me invitó a dar un paseo por los alrededores. Cuando bordeábamos el filo del bosque, me habló:

–Mi hermano y Mei Bao están muy complacidos con usted como alumno y como profesor. Sea lo que sea que ocurra en el futuro, ha hecho una aportación.

Yo hablé más aprisa de lo que habría querido:

–Me alegra oír eso, Hua Chi, y estoy muy contento de verla, pero en Hong Kong le hablé de un diario que había encontrado. He estado escribiendo una versión más larga, un trabajo considerable, y el diario original y mi propio cuaderno han desaparecido. No comprendo...

–Ah, no se preocupe por eso –dijo con un movimiento casual de la mano–. Están perfectamente seguros; en buenas manos. Acabo de tomarlos prestados.

Me quedé petrificado en el sitio, al extremo de un bancal recientemente plantado. Hua Chi se detuvo también, como si fuera a admirar el trabajo de los granjeros. Yo sufría de visión tubular y no estaba en situación de admirar o ni siquiera de ver nada a nuestro alrededor. Al oír aquello me sentí aliviado, furioso, desconcertado y sin palabras. Pero no por mucho tiempo.

–Que usted... *¿qué?* –dije–. Pero ¿por qué? ¿Cuándo pensaba decírmelo?

–Bueno, creí que era mejor ver primero lo que pasaba.

¿Qué clase de acertijo era ese? ¿Había hecho Papa Joe un cambio de forma para asemejarse a Hua Chi? En aquel momento eso no me habría sorprendido; nada habría podido hacerlo. Apenas pude pronunciar tres palabras:

–Explíquese, por favor.

Hua Chi se encogió de hombros afablemente, tan relajada como siempre. Reanudó su camino hacia el comedor y dijo:

–Dan, aquel día, tomando té, mencionó un diario... y que alguien lo estaba buscando.

–Sí, me acuerdo.

–¿Y recuerda también que me dio un trozo de papel con el nombre y el número de teléfono de una mujer?

–Sí, pero qué tiene eso que ver con...

–Llamé a ese número unas noches después y me puse en contacto con la mujer, Ama. Su voz traslucía fuerza y amabilidad. Le di el mensaje de que usted había encontrado el diario. Su voz sonó sinceramente complacida, incluso entusiasmada; así que me presenté, le conté las circunstancias de nuestro primer encuentro y le dije que había hecho las gestiones necesarias para su viaje. Ella me lo agradeció y nos dijimos adiós.

–Gracias por hacerlo, pero sigo sin ver...

–Unos diez días después, durante mi práctica matinal en el parque, reparé en un hombre que observaba nuestro grupo desde una distancia respetuosa. Se había entrenado en las artes marciales, eso se veía por su manera de estar de pie. Cuando terminamos, preguntó si alguien de nuestro grupo conocía a una mujer llamada Hua Chi. Le dije que yo conocía razonablemente bien a esa mujer y le pregunté qué interés tenía en ella... Nunca se es demasiado precavido.

Continuó mientras caminamos tras el pabellón, entramos en el comedor y nos sentamos en el rincón más alejado, cerca de la salida, para proseguir nuestra conversación privada:

–Resultó que él era el hombre sobre el que me había prevenido.., creo que correctamente. Me dijo que estaba decidido a dar con el hombre que tenía el diario, que haría lo que fuera necesario para encontrarlo y recuperarlo. Parecía estar seguro de que «esa mujer, Hua Chi», era un eslabón clave para cumplir su misión. De manera que, siguiendo con mi pequeña intriga, le dije que podría arreglar una reunión para la mañana siguiente. Temprano; en el parque, antes de la práctica.

Llenamos cada uno nuestros platos y cuencos con verduras y gachas de avena, la comida de costumbre. Luego regresamos a nuestros asientos. Hua Chi depositó su plato y su cuenco sobre la mesa y continuó su relato.

–Solo pareció ligeramente sorprendido al verme sola allí; creo que había sospechado de mí todo el tiempo. Hablamos. Tomé una decisión.

–¿Tiene algo que ver esa decisión con que se me devuelvan los diarios?

–Creo que sí –respondió–, pero eso no me toca decirlo a mí. Él pidió hablar con usted directamente.

–Ah, bueno –dije, no sin sarcasmo–, bastará con que me dé su número de teléfono cuando volvamos a Hong Kong.

–Eso no será necesario. –Señaló detrás de mí, sobre mi hombro–. Me ha acompañado hasta aquí.

Me volví y vi al hombre al que conocía como Pájaro enmarcado en la puerta de salida. Llevaba los diarios en sus manos.

Hua Chi se levantó, abandonando su plato intacto, y nos dejó solos.

25

VEINTICINCO

Vestía un viejo pantalón vaquero, una camiseta y una gorra con una estrella roja como la mía. Cuando nuestros ojos se encontraron, bajó la mirada. Estaba ahí parado como si esperase permiso para entrar. Cuando por fin se acercó, tendió las manos con el diario y mi cuaderno y los puso sobre la mesa frente a mí. Se sentó enfrente, en el lugar que había dejado libre Hua Chi. Con la mirada todavía baja, me dijo:

–Siento las molestias que le he causado, señor Dan.

–Ha leído los diarios –dije muy alerta, teniendo en cuenta nuestro último encuentro.

Asintió con la cabeza y luego habló suavemente:

–Primero leí las notas escritas por su maestro; solo tuvieron sentido cuando leí su... traducción. –Hizo entonces una pausa, como si estuviera buscando atrás en el tiempo–. Si le hubiera quitado el diario auténtico, no habría comprendido nada. Lamento haberlo golpeado; en aquel momento no vi otro camino...

Mientras mis preguntas competían para estar las primeras de la fila, Pájaro miró hacia arriba e hicimos contacto visual por primera vez.

–No sé cómo agradecerle... o cómo compensarle por lo que hice.

Dije lo primero que se me pasó por la cabeza:

–Bueno, me dejó los cinco dólares.

Sonreímos. Y así fue como llegué a compartir una comida con el hombre que me había perseguido por todo el mundo y de quien había creído que tenía la intención de hacerme mucho daño físico si nos encontrábamos otra vez. Mis alumnos miraban desde lejos, tímidos pero siempre curiosos. Pájaro empezó a explicarme lo que lo había motivado:

–Hace treinta años, mi padre se dirigía a su trabajo en su vehículo cuando vio a un hombre que iba dando traspiés por la carretera...

Lo interrumpí:

–Pájaro, sé que él recogió a Sócrates y lo llevó a un consultorio. También sé lo de la enfermedad de su padre y su muerte...

–¿Cómo sabe...? –Estaba desconcertado.

–Poco después de llegar a Albuquerque –le dije–, encontré a una maestra de escuela llamada Ama. Su padre, que era el médico que trató a Sócrates, le había contado algo muchos años antes sobre el jardinero que solicitó su consejo y que buscaba un diario. Yo la ayudé a recordarlo. De modo que puedo comprender la desesperada búsqueda de su padre; pero ¿por qué usted, después de tantos años? ¿Y cómo supo de mí?

–Tras la muerte de mi padre –dijo–, me crie solo, con la ayuda de una tía que me dejó estar en la habitación de atrás. Le asaltaba el frigorífico a cambio de trabajar en el jardín. Crecí bastante salvaje: estudié habilidades de supervivencia y aprendí a rastrear y a cazar. Limpié los servicios y las colchonetas de una escuela de karate de la zona a cambio de clases. Me iba bien en los deportes, pero me pasaba la mayor parte del tiempo solo, preparándome.

–¿Preparándose para qué?

–Para la misión de mi padre... Eso se convirtió en un objetivo, creo. Juré que no moriría como él. Llegué a creer que si encontraba el diario podría no morir... –Movió la cabeza–. No sé en qué estaba pensando. Procurar alcanzar la inmortalidad física tendría sentido si la gente dejara de tener niños; pero tal como están las cosas, si se descubriese un secreto así, solamente los ricos tendrían acceso, o se crearía un mundo superpoblado y caótico.

«Tiene razón –pensé–. Los ancianos tienen que morir en algún momento; son las "normas de la casa", como diría Sócrates. El amor a la vida es una cosa; el miedo a la muerte es otra bastante distinta».

–Pero eso no explica cómo me siguió y me encontró; ni cómo encontró a Hua Chi.

–Por Ama, aquella mujer que conoció. Me contó todo de usted, todo lo que yo tenía que saber.

Me recorrió un escalofrío. El sabor amargo y metálico de la traición me oprimió la garganta. Tuve que preguntar:

–¿Tuvo que obligarla, o se alegró de decírselo todo?

Sonrió y desestimó mi preocupación con un gesto de la mano.

–Nada de eso, Dan. Conozco a Ama desde hace muchos años. Ella no sabe que yo soy el hijo del jardinero; para ella solo soy amigo y confidente.

Mis ojos se abrieron como platos.

–¡Dios mío!... ¿Tú eres Joe Lobo Acechante? –Me quedé estupefacto–. ¡Pero cómo no había caído en la cuenta! Ama no podría haberlo adivinado porque ni siquiera se acordaba del asunto del hijo del jardinero hasta que me lo contó a mí.

Joe Lobo Acechante, conocido como Pájaro, siguió:

–Quince años después de la muerte de mi padre ingresé en la policía local. Utilicé una excusa legal para acceder a los registros del consultorio y encontré el nombre del médico que trató al misterioso forastero años antes: el padre de Ama. Él había muerto, pero yo encontré a su hija... Me costó un año que confiara en mí –continuó–; no tenía ni idea de que yo estaba buscando el diario. Para ella solo era alguien que sabía escuchar. Me llamó después de su visita a la escuela; se trataba solo de una noticia, la clase de cosas que compartíamos entre nosotros...

Pensé otra vez en algo que había oído y es que solo hay dos clases de historias: *o bien llega un forastero al pueblo, o bien alguien sale en una búsqueda*. Me di cuenta de que *la mía era una mezcla de ambas*. Ama le habló a su amigo sobre mí, el forastero. Y ese cuento se iba poniendo cada vez más extraño...

Intentando todavía asimilarlo todo, tuve que preguntar:

–Su relación con Ama... ¿era solo por el diario?

–Al principio, sí; pero con el tiempo... –Al instante siguiente, cuando captó mi motivo para preguntarle, su cara se ensanchó en una sonrisa–. Ama y yo somos buenos amigos,

Dan, pero no de la manera que podría pensar. Se da la circunstancia de que Ama prefiere la compañía íntima de otras mujeres.

Tuve ganas de darme una palmada en la frente. «Pues qué buenos poderes de observación tengo», pensé.

Joe Lobo Acechante siguió y me explicó que me había observado en la estación de servicio utilizando unos prismáticos potentes. «¿Qué me pasa a mí con las estaciones de servicio?», pensé. Él salió con su vehículo antes que yo, lo dejó y esperó al lado de la carretera como el autostopista, el hombre de negocios y el guía de viajes: Pájaro. Tenía la intención de quedarse conmigo hasta que yo encontrase el diario, pero cuando vio a Papa Joe dentro de la cafetería, se dio cuenta de que era demasiado arriesgado.

–Él es el amigo más viejo de Ama y ya nos conocíamos de antes. Podría haber reconocido mi voz, o mi olor.

–Ciego como un murciélago, listo como un zorro –dije más que nada para mí.

Joe Lobo Acechante sonrió de nuevo.

–Tiene toda la razón. –A continuación, más serio, se derrumbó como un niño perdido–: Yo no soy una mala persona, señor Dan. Llevarme ese diario fue un acto de desesperación, la ambición de una vida. He vivido el sueño de mi padre durante tanto tiempo que no tengo ningún sueño propio. No tengo ni idea de qué hacer ahora.

Me sentí como un trapo de cocina que han escurrido para secarlo. Me preguntaba qué podría decir para ayudar a aquel hombre. Supuse que ambos nos dirigiríamos de vuelta a Hong Kong con Hua Chi.

–Bueno, podría quedarse aquí unos cuantos días; quizá podría ayudar en los campos.

Movió la cabeza.

–No, no puedo aceptar su hospitalidad, todavía no; no me la he ganado. Me quedaré en el bosque unos días, tengo que pensar algo... sobre lo que usted escribió. Y sobre mi vida, eterna o no. Cada vez que lo leía se abrían más mis ojos y mi mente. Me gustaría que mi padre pudiera haberlo visto.

«Se hubiera muerto igual –pensé–, como todos, independientemente de nuestras creencias o filosofías. Todos nosotros nos dirigimos a Samarra...».

Antes de que pudiera decirle algo más a Joe Lobo Acechante, se levantó y se excusó. Me di cuenta de repente de que a pesar de que debía de estar desfallecido de hambre no había tocado la comida.

26

VEINTISÉIS

Con los diarios ya de vuelta en mi altillo, seguí reflexionando sobre el giro de los acontecimientos hasta que Hua Chi se acercó a mí cuando me dirigía al pabellón a impartir una de mis últimas clases de gimnasia acrobática.

–Ha recibido grandes alabanzas de mi hermano, no solo por lo diligente que es en la práctica, sino también por instruir y motivar a los alumnos.

Contento de oír eso, ya que el Maestro Ch'an no había dado señales externas de aprobación, dije:

–Ha sido una gran oportunidad. Solo desearía...

–¿Qué?

–Había esperado trabajar con él más directamente, pero comprendo que la barrera idiomática lo hacía difícil...

–Sin Mei Bao –añadió.

–Por supuesto. ¿Qué haría su hermano sin el apoyo de ella?

Hua Chi se rio entre dientes.

–Eso es bastante cierto, pero no de la manera que cree.

–¿Qué?

–Mi hermano es ciertamente un maestro..., un maestro jardinero y granjero. Estudió artes marciales a los veintitantos años, pero se dio cuenta de que eso no era su auténtica vocación. Los huesos y la sangre de este lugar son suyos; pero el espíritu... Bueno, ¿le ha contado Mei Bao cómo nos conocimos?

–Sí.

–Es demasiado humilde. ¿Le ha dicho acaso lo rápido que dominó las formas del taichí, o cómo superó con creces mis modestas habilidades antes incluso de cumplir los dieciocho años?

–¿De veras? No tenía ni idea.

–Mi hermano y yo concebimos la idea de invitar a huérfanos para que ayudasen a desarrollar una granja autosuficiente. Fue después de la llegada de Mei Bao cuando ella descubrió en sí misma el deseo de compartir sus dones con los demás. Enseñar. La escuela empezó debido a su deseo. Incluso el bosque cambió después de su llegada. Mi hermano está tan entregado a Mei Bao como ella lo está a él. No me sorprende que lo reconociera como la fuente de su sabiduría; pero no se equivoque: el Maestro del Bosque de Taishan es Mei Bao.

Había sido un día lleno de revelaciones, por las que todavía estaba impresionado.

Al entrar en el pabellón, Hua Chi continuó hablando:

–Sócrates, su instructor, le dijo que encontrase una escuela oculta.

–Sí, pero no me indicó dónde. Así que me dirigía a Japón...

–Me estaba preguntando: ¿le dijo él que *estudiase* en una escuela oculta?

–¿Qué otra cosa podría haber querido decir?

Hua Chi sonrió y se alejó hasta situarse al lado de Mei Bao y del Maestro Ch'an, que habían aparecido para observar la que sería mi última clase de gimnasia acrobática en el bosque de Taishan.

Durante nuestra sesión vislumbré a Joe Lobo Acechante, que nos observaba a cubierto en el bosque. Yo esperaba que Hua Chi también se hubiera dado cuenta. Esa noche me sorprendí pensando otra vez en él: «Mi primer lector». Antes de mostrarle el diario a cualquier otro, decidí leerlo una vez más.

De madrugada, bajo la luz de la lámpara, al leer las frases finales se me quitó un peso de encima. Sentí que Sócrates lo aprobaría. Tenía la esperanza de contarle mi experiencia algún día cercano y mostrarle lo que había escrito. Él no podía saberlo por entonces, ni yo tampoco, pero esa colaboración entre nosotros señaló el principio de mi vida como escritor.

A medida que lo hacía, aprendí que leer es una forma de absorber ideas y escribir es otra bastante distinta. Mi esfuerzo creativo por aclarar las notas del diario de Sócrates invocó una comprensión más profunda; pero yo no había hecho más que comprender. Como me dijo Sócrates una vez, «la realización solo viene de la experiencia directa». Tuve que enfrentarme a la realidad de que las percepciones que había expresado no habían penetrado todavía en mí. Aún eran lemas, palabras en una página, pensamientos en mi cabeza, conceptos e ideas; pero también eran las semillas que florecerían a su debido tiempo. Por entonces solamente podía aceptar la que era mi realidad actual y esperar la maduración.

Con esa aceptación, por fin pude acomodarme para dormir a primeras horas de la mañana. Allí tumbado pensé que a veces la vida se asemejaba más a una comedia improvisada que a un plan estratégico. No tenía ni idea de lo que podría deparar el futuro. Como reza la Epístola a los Corintios, yo vivía como Papa Joe: «Por la fe, y no por la vista».

27

VEINTISIETE

Mientras trabajaba en los campos a la mañana siguiente, vi que dos desconocidos salían del bosque. Hombres mayores, vestidos con túnicas grises raídas y sucias. Ojeaban los campos y los edificios con rostro serio. Se les unieron otros dos hombres que vestían atuendo militar y llevaban fusiles Kalashnikov. La campana que habitualmente señalaba la comida del mediodía sonó detrás de mí una y otra vez.

Me di la vuelta y vi a Mei Bao, que se aproximaba con el Maestro Ch'an; los seguían Chun Han y el resto de los alumnos. Yo había estado cavando una zanja y aún tenía la pala en las manos.

Los dos soldados sostenían sus fusiles en ristre. Uno de los hombres mayores habló sonoramente, como si tuviese autoridad sobre todos nosotros. Mei Bao, que se había situado justo detrás de mí, me susurró la traducción al oído:

–El Comité Central del Proletariado del Pueblo de Heilongjiang ha tenido conocimiento de esta granja y escuela no autorizada por medio de... –Mei Bao hizo una pausa en su traducción– por medio de espías. –Fue la primera vez que la vi perder la serenidad.

El hombre mayor ojeó nuestro pequeño grupo hasta que sus ojos se fijaron en mí. Habló otra vez y Mei Bao tradujo a mi oído.

–Veo la prueba de un perro imperialista [¡ahí estaba otra vez!] que ha venido aquí para entrenaros como agentes de un gobierno extranjero. Demando sus documentos de entrada, pero no espero encontrarlos.

En ese momento fue cuando Hua Chi dio un paso al frente. Mei Bao seguía traduciendo:

–Este visitante es un instructor de gimnasia acrobática, nada más –dijo–. Si me dejáis que vaya a recogerlos, yo tengo sus documentos, que autorizan una visita temporal para ayudar a estos chicos huérfanos a aprender una habilidad y que así puedan contribuir a la Cultura del Pueblo. Quienquiera que os haya dicho que aquí hay agentes no está bien informado, o quiere engañar al Gobierno del Pueblo.

–Eso es una acusación muy grave –dijo el hombre, que comenzó a hablar en un tono más bajo, al acercársele Hua Chi–. No obstante –prosiguió–, en lugar de buscar la actitud correcta y contribuir al bien común, todas las personas de aquí se han separado de sus compatriotas, acaparando bienes egoístamente y sin hacer contribución alguna de cosechas a la gran comunidad. ¿Dónde están vuestros permisos para cultivar o para enseñar? –gritó–. Podríais haber continuado secretamente con esta vida degradada si no hubieseis sido tan insensatos como para traer a un intruso extranjero.

Mei Bao parecía reacia a traducir esto último. «Es culpa mía –pensé horrorizado–. Alguien debió de verme cuando fui con Mei Bao a la aldea».

En ese momento salió del bosque un quinto desconocido, más joven que los demás. Vestía un atuendo parecido, al estilo de Mao. Parecía enojado, pero sentí algo más: ¿miedo, vergüenza?

–Es Chang Li –susurró Mei Bao. «El alumno que huyó», recordé. Ella movió la cabeza tristemente–. Él es quien los ha traído.

El viejo portavoz hizo un gesto a Chang Li y luego colocó las manos sobre los hombros del muchacho.

–Así que ya véis, gracias al heroísmo y al patriotismo de este joven líder del proletariado, ya sabemos en qué estáis metidos. ¡Ya no podéis ocultaros más! –Hizo un gesto a los dos militares armados, que pasaron al frente–. Estoy aquí para hacerme cargo de la jefatura temporal de esta granja colectiva, que en adelante se transformará en un campo de reeducación. Pronto llegarán más obreros. Los trabajadores jóvenes se quedarán. El trabajo de la granja seguirá como antes, pero esta «escuela», como vosotros la llamáis, no tiene sitio en la República Popular.

Noté que a Mei Bao le resultaba difícil repetir sus palabras, pero siguió traduciendo hasta que el portavoz nos señaló al Maestro Ch'an, a Hua Chi, a Mei Bao y a mí.

–Vosotros cuatro –dijo– vendréis con nosotros de regreso a la aldea de Taishan y luego a Pekín, donde seréis interrogados y juzgados. Si se os encuentra culpables, se os llevará a un centro de detención. Si vuestro error es considerado una decisión política errónea, una vez que seáis reeducados se os permitirá volver a uniros a la sociedad; pero el extranjero, con o sin papeles, será...

Con el rabillo del ojo vi al Maestro Ch'an caer de rodillas. Lo miré, incrédulo, mientras gateaba hacia delante. Mei Bao se apresuró a ayudar al viejo derrotado a ponerse en pie lentamente ante el líder. Hua Chi, que parecía de repente más vieja también, se apoyó en Chun Han y fue cojeando hacia los hombres. Los soldados parecían confusos y levantaron a medias sus fusiles...

Demasiado tarde. Mei Bao se movió a la velocidad del rayo. Debió de empujar a uno de los soldados, porque lo vi salir volando hacia atrás, estamparse contra el tronco de un árbol cercano y caer al suelo. Chun Han corrió hacia el hombre caído. Casi en el mismo momento vi que el Maestro Ch'an y Hua Chi habían inutilizado de alguna manera al otro soldado, dejándolo inconsciente también.

Un tercer soldado salió del bosque, levantó su Kalashnikov y apuntó a Hua Chi y a su hermano. En ese momento ocurrieron dos cosas a la vez: Chun Han saltó hacia delante para proteger al Maestro Ch'an y a Hua Chi y Joe Lobo Acechante apareció de la nada, le dio una patada al soldado en la columna vertebral y lo envió al suelo; como resultado, el tiro salió desviado. Joe sujetó al soldado contra el suelo con una de sus rodillas y lo dejó inconsciente golpeándolo en la nuca con una piedra. Por un momento pareció que iba a golpear al hombre otra vez, cuando me miró. Nuestros ojos se encontraron. Él dejó caer la piedra.

28

VEINTIOCHO

Las autoridades, los soldados y Chang Li, que nos había traicionado a todos, se encontraban ahora en circunstancias drásticamente diferentes. Los dos hombres mayores empezaron a hablar a la vez, farfullando. Mientras la atención de los alumnos se volvía hacia ellos, mis ojos recorrieron la granja. Reconocí el momento por lo que era: el principio del fin.

Vi a Chun Han de rodillas apretándose las costillas con ambas manos. Cuando me acerqué, retiró las manos de su cuerpo como para saludarme; estaban cubiertas de sangre. La bala perdida había penetrado en su abdomen.

Mei Bao llegó a él al mismo tiempo que yo; su rostro se retorcía de pena mientras mecía su cuerpo.

–¡Chun Han! –gritamos, pero él no pudo responder. Ya no lo haría jamás.

Los alumnos fueron conscientes uno a uno de lo que había sucedido. Uno tras otro empezaron a llorar cuando arraigó la tristeza colectiva. Por el rabillo del ojo vi a Joe Lobo Acechante entregar un fusil a Hua Chi; después se encaminaron juntos hacia las autoridades.

Supe que tenía que hacer algo, pero no podía moverme. Hacía solo unos minutos que había saludado a Chun Han cuando pasó mientras yo trabajaba tranquilamente en el campo. El amable Chun Han, mi amigo desde el principio.

Perdido como estaba en evocaciones y lamentos, fui vagamente consciente de que el Maestro Ch'an se movía entre los alumnos abrazándolos por los hombros, pronunciando palabras calmadas. Los alumnos siguieron su guía, rodearon a las autoridades y al miserable Chang Li y arrastraron a los soldados inconscientes dentro del círculo. Los representantes de la República Popular China estaban ahora acorralados por los alumnos.

Mei Bao dio instrucciones a un pequeño grupo mientras levantaban el gran cuerpo de Chun Han, y lo llevaron hacia la casa principal. Todos los demás los seguimos. Miré a Joe Lobo Acechante, que tenía los ojos aún puestos en el bosque y un arma en la mano, pendiente de nuestro pequeño grupo y del otro grupo más grande que empujaba a las autoridades hacia el pabellón.

Luego supe que habían encerrado a los intrusos en una caseta de almacenamiento. Hua Chi me dijo que el portavoz había prometido que habría «graves consecuencias» si no se les permitía regresar e informar a su comité. Joe insistió entonces en quedarse sentado fuera de la caseta vigilando hasta que el Maestro Ch'an y los demás decidieran qué hacer.

Me senté a su lado. Él había encontrado un propósito adecuado a su experiencia. De repente me sentí como un intruso. Supe de alguna manera que antes de que yo saliera de la escuela, la escuela me dejaría a mí.

29

VEINTINUEVE

Aquella tarde, Mei Bao y Hua Chi lavaron y amortajaron el cuerpo de Chun Han. Los alumnos avanzados se agruparon como portadores y cargaron los restos hasta un lugar situado en el extremo más alejado del estanque de cristal, sombreado por el follaje bajo el cálido sol. Enterramos a nuestro amigo tras una breve ceremonia. Su lugar de reposo se dejó sin marcar para que permaneciera tranquilo, oculto, lo mismo que había estado la escuela.

Mucho más tarde, cuando los alumnos ya se habían retirado, Hua Chi me invitó a acompañar al Maestro Ch'an y Mei Bao en la casa principal. Mientras contaban cosas de Chun Han, yo casi estaba seguro de que si me volvía lo vería a mi lado.

Oí que alguien me llamaba por mi nombre. Mei Bao me estaba hablando, aunque parecía estar muy lejos:

–Esos hombres habrían venido, con o sin tu presencia.

Hua Chi añadió:

–Mei Bao y mi hermano habían hecho planes para una posibilidad como esta. Incluso el momento no fue completamente inesperado, ya que Mei Bao había notado que alguien la vigilaba la última vez que fue a la aldea.

–Deben de haberme visto –dije sombríamente.

Hua Chi me puso una mano en el hombro.

–¡Esto no tiene nada que ver con usted, Dan! Unos meses antes de su llegada, Chang Li se obsesionó sentimentalmente con Mei Bao. Ella lo rechazó y él se marchó poco después. El resto ya lo sabe.

Pensé en Chun Han y en lo que eso podría significar para todos ellos y sentí que las lágrimas me aguijoneaban los ojos.

–¿Qué va a pasar? –pregunté.

Hua Chi nos brindó su opinión:

–Me parece a mí que nuestras vidas se despliegan de una manera misteriosa. Puesto que el significado es una invención humana, ¡démosle a esta experiencia un significado positivo!

Al día siguiente, ella misma abrió la caseta y liberó a los prisioneros. Incluso les dio un poco de fruta desecada, algunos pastelillos y el agua suficiente para su viaje. El Maestro Ch'an y Mei Bao prefirieron quedarse a solas hasta que se hubieran marchado los intrusos.

Justo antes de que desaparecieran en el bosque, oí al portavoz gritarle algo a Hua Chi. No necesité que me lo tradujera. Puesto que habían encontrado el camino hasta la granja con la ayuda de Chang Li, era muy probable que lo volviesen a encontrar y llevasen a cabo cualquier amenaza que el portavoz hubiera gritado.

–Usted y yo nos habremos ido mucho antes de eso –dijo Hua Chi.

–Pero ¿qué pasará con todos los demás? –pregunté–, ¿qué pasará con la escuela? –Mis brazos señalaban en círculo hacia las residencias, los campos, el pabellón...

–Reconstruirán la escuela en algún otro sitio remoto –fue su respuesta–; hasta en un país tan poblado como China existen lugares de refugio, si se saben encontrar. Joe Lobo Acechante acaba de decirme que irá con ellos.

Cuando caminábamos hacia la casa principal, Hua Chi se detuvo, se volvió hacia mí y dijo decididamente:

–Ha sido un huésped bienvenido, Dan: un visitante, un compañero de trabajo y un profesor. Sé que hizo amigos y que no olvidará a sus alumnos; pero este no era su hogar, ellos ya no necesitan su ayuda ni sus servicios.

Después de eso el tiempo se aceleró. No fue fácil decir adiós a Mei Bao ni al Maestro Ch'an, y mucho más difícil todavía decir adiós a mis alumnos; nuestras despedidas fueron breves puesto que estaban totalmente ocupados con planes de los que yo no estaba al tanto. También le dije adiós a Joe Lobo Acechante; le prometí que le contaría a Ama todo lo que había ocurrido lo mejor que pudiera y que le transmitiría sus saludos cariñosos.

Apenas descansé; había demasiado movimiento ahí fuera. Cuando desperté y salí, la granja estaba vacía. Todos ellos se habían esfumado como un espejismo.

Hua Chi me encontró sentado en el pabellón vacío.

–De modo que ya ve –dijo–, estaban verdaderamente preparados para salir de inmediato. Somos los últimos en marchar.

«Qué lástima –pensé–. ¡Gran injusticia: burócratas insignificantes y mezquinos y su presunta ideología revolucionaria!».

No sabía si sentirme triste o furioso; probablemente una mezcla de las dos cosas. Se habían entregado a ese lugar.

Recordé lo que Sócrates me dijo acerca del monje Hakuin, que fue falsamente acusado de tener un hijo con una muchacha. Cuando los aldeanos insistieron en que criase al niño, dijo solamente tres palabras: «Que así sea». Dos años después, la muchacha y el verdadero padre le pidieron que les devolviera al niño. Su respuesta fue la misma. Él recibió y se desprendió sin resistencia. Esa capacidad trascendente todavía se me escapaba mientras contemplaba los campos vacíos y el silencioso pabellón que tanta vida y aprendizaje habían alimentado.

Hua Chi y yo rodeamos la aldea Taishan hacia un pueblo más grande donde tomar un pequeño tren a vapor. Ya en la estación, pregunté:

–¿Tiene de veras documentos oficiales para mí?

En una respuesta sin palabras, me alcanzó un sobre con documentos. Luego dijo:

–Usted le ha dado mucho a la comunidad de mi hermano. Una parte de usted permanecerá con ellos. Al menos eso sí lo vaticiné.

«Y ellos permanecerán conmigo», pensé. Decirlo en voz alta habría sonado banal, así que me quedé callado.

Hua Chi me advirtió que mantuviera una actitud discreta en el viaje de vuelta a Hong Kong. Aunque estábamos en la cálida primavera, yo estaba cubierto con la vestimenta tradicional y el típico sombrero cónico, echado sobre los ojos de manera que mi cara estuviese en sombra.

El aire color mantequilla de la primavera se fue haciendo más denso según viajábamos hacia el sur, pasando al lado de pequeñas aldeas junto a las Montañas Celestes al oriente.

–Las montañas son el hogar del leopardo de las nieves y de los lobos que emigran bajando desde Mongolia –susurró Hua Chi, que seguía siendo una consumada guía de viajes.

Yo también consideraba ya a esas criaturas como guardianes. Y me preguntaba qué sería de *Hong Hong*, el oso del bosque.

Mis pensamientos se vieron interrumpidos por Hua Chi, que habló suavemente con su acento inglés amortiguado por los ruidos del tren:

–Me fascina la naturaleza, pero no podría vivir en el campo.

«No se recibe la señal de la televisión», pensé, descubriendo que aún podía sonreír.

Detrás de nosotros, muy lejos, estaba la mística región del Pamir, donde Sócrates había estudiado con Nada (por entonces María) y los demás. Un lugar engarzado por la antigua Ruta de la Seda, donde las culturas hindú, islámica y china intercambiaban bienes y noticias. Hacia el suroeste estaban los elevadísimos picos del Tíbet y Nepal. En una curva miré a través de una bruma de polvo amarillo y vi bloques de paja para contener las dunas que siempre lo invadían todo.

Al día siguiente entramos en la región de Shanxi, llamada Reino Medio en los tiempos antiguos: la fuente de la civilización china. Mientras pasábamos a todo vapor junto al ancho río Amarillo y luego el Fen, Hua Chi habló:

–Estos grandes ríos fueron conocidos como la aflicción de China y también como el orgullo de China. Dieron vida a lo largo de sus orillas, pero cuando se desbordaban morían miles y muchos más perdían sus casas y sus cultivos. La historia de China es agridulce, supongo que como la de muchos países.

Esa tarde subimos a un *ferry* que iba desde Guangzhou hasta Hong Kong. Ese fue el único momento en el que un funcionario nos dio problemas. Nos retuvo, mirándome con sospecha; pero después de la visita del presidente Nixon a China unos años antes, y con el nuevo contacto del país con un mundo más grande, se trataba a los extranjeros con más cortesía. De modo que al final el funcionario me dejó pasar con una seria inclinación de cabeza. Solo entonces siguió adelante Hua Chi. Sentí el alivio que comparten muchos viajeros al regresar a una cultura y un idioma más conocidos. Pasé la noche en la casa de Hua Chi.

Cuando me desperté a la mañana siguiente, lo primero que vi fue la cara de David Carradine: ella había colgado el cartel para celebrar nuestro mutuo entusiasmo. Tras el té y algo de desayuno, la acompañé al parque para practicar un poco el empuje de manos; parecía complacida por mis pequeños avances. Intercambiamos reverencias. La miré a los ojos por última vez antes de echarme la mochila al hombro y dirigirme al aeropuerto.

Unas horas después miré por la ventanilla del avión la costa de Hong Kong y la vasta tierra de China más allá del puerto. Solamente entonces caí en la cuenta de que no le había dado a leer el diario a Hua Chi, y que ella no me lo había pedido. «¿Qué importancia tienen esas palabras sobre el papel, con todo lo que ha sucedido? –pensé–. ¿Importarán las palabras alguna vez?». Jamás lo sabría a menos que algún día las divulgara.

Ahora Japón estaba frente a mí. Sócrates me dijo una vez que siguiera mi olfato y confiara en mis instintos; así que eso es lo que haría.

TERCERA PARTE

Piedras, raíces, agua

Muere en tu imaginación cada mañana
y ya no temerás a la muerte.

Yamamoto Tsunetomo
Hagakure (El libro del samurái)

30

TREINTA

Después de haber llegado a Osaka, estaba ya de camino a Tokio, a dos horas en tren. La antigua capital de Japón, Kioto, se hacía eco de las tradiciones budista y sintoísta que todavía resonaban en los abundantes templos, jardines, casas de té y castillos de la ciudad, donde una vez los samuráis protegieron y sirvieron al emperador.

En la fila de la aduana oí que alguien decía: «Kioto tiene mil templos y diez mil bares». «Pues vaya con las antiguas tradiciones», pensé.

Desde la estación central de trenes llamé a un pequeño hotel en el centro y reservé una habitación. Anoté el nombre y la dirección y llamé un taxi. El vehículo parecía nuevo y atípicamente limpio. El taxista de guantes blancos se enorgullecía de su trabajo y me dio una buena primera impresión. Utilizando el poco japonés que conocía, le di la dirección del hotel:

—*Hoteru Sunomo no hana, kudasai.*

–*Hai arigato* –replicó el taxista.

Parecía complacido ante mi humilde intento de hablar su idioma. Salimos como un tiro. Vi que era joven y que, como muchos jóvenes, al volante funcionaba bordeando el límite de velocidad. Estuve a punto de decirle que fuese más despacio, pero no sabía cómo hacerlo. Ojalá lo hubiese intentado.

Estábamos justo entrando en el centro de la ciudad. Ojeé las vistas que tenia por delante. Al aproximarnos a un cruce, vi a un motociclista con un pasajero que salía a toda velocidad de una calle lateral. El taxista estaba mirando al otro lado.

–¡Cuidado! –grité menos de dos segundos antes de que la aleta derecha del taxi impactara a toda velocidad contra la motocicleta.

El ruido fue espantoso, y la vista peor. La moto giró fuera de control y los dos pasajeros fueron arrojados al aire mientras el taxi se detenía con un ruido chirriante. Por reflejo, el taxista y yo saltamos del vehículo y corrimos hacia los caídos. Yo sentía las piernas como de goma, no solamente por lo que acababa de ocurrir, sino debido a mi propio accidente de motocicleta nueve años antes. Me sentí mareado.

El tiempo se aceleró cuando llegamos cerca de una mujer joven, que estaba ensangrentada, gritaba y se mecía adelante y atrás por el dolor de probables roturas de hueso y otras heridas. Llevaba puesto un casco, que un transeúnte le quitó cuidadosamente. Muy probablemente era el casco del motociclista, ya que él no llevaba. Estaba tendido absolutamente inmóvil, con el cuerpo en un ángulo distorsionado. Un vistazo a su cabeza hecha trizas y ensangrentada nos dijo que probablemente estaba muerto. El empleado de una tienda cercana había corrido dentro para pedir ayuda; enseguida oímos las sirenas.

Me quedé en la escena el tiempo suficiente para decirle a la policía que nosotros teníamos luz verde y que la motocicleta había salido disparada de la calle lateral y se había cruzado directamente en nuestro camino. El joven taxista estaba lívido y hacía reverencias una y otra vez como disculpa. Le di al agente el nombre de mi hotel en caso de que necesitasen hacerme alguna otra pregunta y luego encontré otro taxi. Apenas recuerdo nada más hasta que llegué al hotel.

Me registré temblando, entré en mi habitación, desenrollé la cama de futón tradicional sobre el suelo de esterillas de tatami y me eché. Había sido la segunda muerte de la que había sido testigo en el plazo de una semana.

Ese choque mortal parecía un presagio oscuro, como si la Muerte estuviera junto a mí y susurrase palabras que yo no podía entender. Estaba tumbado allí y la cabeza me daba vueltas. Intenté hacer planes, pero pensé: «¿Para qué hacer planes, si los planes cambian? ¿Qué planes había hecho ese joven taxista, o la pareja de la motocicleta? ¿Y por qué he venido aquí, en cualquier caso? ¿Es que no he leído bien el mensaje del pequeño samurái?».

En algún momento de la noche, el espectro de capucha negra que me había amedrentado en mis días universitarios en Berkeley regresó y me señaló con su huesudo dedo. Podía llevárseme. En cualquier momento. En cualquier lugar. Ahora ya lo sabía.

A la mañana siguiente me desperté en un estado mental mejor, pero sombrío, con los ecos y las imágenes de los sucesos del día anterior todavía en mí. Ya no dudaba de si debería haber ido a Japón o no y acepté mi realidad: *estaba* allí, de manera que visitaría unas pocas escuelas de artes marciales y apuntaría algunas notas para mi informe al comité de la beca. Después de aquello volvería a casa.

Tras comprobar la manera de llegar a los sitios con el botones, que hablaba algo de inglés, consumí un desayuno al estilo japonés: sopa de miso, arroz, encurtidos y bolas de masa hervida. Luego salí para explorar la ciudad y ocuparme de los asuntos profesionales.

De joven, y después en los años que trabajé de entrenador en Stanford, había estudiado el suficiente karate y aikido como para saber qué preguntar. Mi entrenamiento reciente en taichí me proporcionó también unos ojos más sensibles para percibir los flujos de energía que subyacen en las técnicas físicas.

Primero encontré una escuela de karate famosa. Tras observar una clase conseguí hablar con el instructor jefe por medio de uno de sus alumnos. El envejecido *sensei* encajaba en la imagen del veterano del karate, con su cabello grisáceo, sus marcados pómulos y sus nudillos planos. Vestía un resistente uniforme de algodón –el tradicional *gi*– atado con un descolorido y desgastado cinturón negro. «Cuanto más viejo es el cinturón, tanto mayor es la experiencia», me recordé.

Durante la clase había observado al instructor, que hacía demostraciones y luchaba con otro cinturón negro. Me pareció un luchador formidable, pero hablaba con voz suave. Mientras el alumno traducía, el *sensei* relató una versión de la historia del karate. Su voz aparecía y desaparecía al vacilar mi concentración; todavía estaba alterado por la muerte de mi amigo Chun Han en China y la del motociclista el día anterior. ¿Es que cada muerte nos recuerda la nuestra?

Mientras tanto, el *sensei* habló de un viaje emprendido por el príncipe indio Bodhidharma, que viajó de India a China difundiendo el budismo y el aprendizaje de las artes marciales, especialmente entre los monjes Shaolin. Concibió un sistema de movimientos marciales para estimular la vitalidad tras horas de meditación y para que sirvieran de autodefensa ante los acosadores o los bandidos, sistema que llegó a ser conocido como el pugilismo del templo Shaolin. Según la leyenda, al hacerlo fusionó el karate, las artes marciales asiáticas y la meditación budista.

Como ya había observado y tomado notas para mi informe, hice una reverencia y me despedí.

Posteriormente, esa misma tarde, me dirigí a una escuela satélite de la sede central del aikido. Como no encontré a nadie en la entrada ni en la pequeña oficina, me quité los zapatos y entré silenciosamente al salón de suelo de tatami para las prácticas, o *dojo*, que significa «lugar o escuela del camino». Allí me tropecé con una escena sombría: los alumnos estaban arrodillados en hileras ante el tradicional altar y la imagen de Morehei Ueshiba, el fundador del aikido. En la cabecera del salón, cuatro instructores expertos permanecían de rodillas y sentados sobre sus talones en la tradicional postura *seiza.* Estaban vestidos con las blusas de algodón blanco y los pantalones negros semejantes a faldas, los *hakama*, de los instructores mayores. Sus alumnos también estaban arrodillados en un silencio aturdido, mientras uno de los instructores plegaba cuidadosamente un pergamino del que había estado leyendo. Vi que varios alumnos lloraban sin hacer ruido. «Alguna noticia triste; quizá una muerte –pensé–. Otra muerte».

Mi mente y mi corazón dieron un salto atrás al estanque del bosque de Taishan en el momento en que entregamos el cuerpo de Chun Han a la tierra. Me senté en un banco bajo de la parte trasera del salón y escuché otro idioma más que no entendía. «Deja de sentir lástima de ti mismo –dijo una voz en mi cabeza–. Tú no hablas japonés, Dan, pero hablas el idioma de las artes marciales».

Era bastante cierto, y pude reconocer las siguientes palabras que dijo el instructor a sus alumnos:

–*Renshu shite kudasai. Onegaishimasu!* –Su tono era cálido, pero categórico.

«Seguid practicando, por favor. ¡Continuad!», pensé, traduciendo para mí mismo.

Los alumnos se levantaron rápidamente, secándose los ojos. Formaron parejas e hicieron lo que pudieron para mostrar *gaman*, o paciencia estoica, una faceta del carácter japonés que yo había llegado a comprender durante mi entrenamiento en aikido. Daban círculos por turno uno alrededor de otro, manteniéndose alertas y relajados, avanzando para lanzar ataques inesperados; eso posibilitaba que sus compañeros practicasen una gran variedad de defensas fluidas y circulares, que en su mayoría implicaban bloqueos de muñeca y derribos de palanca. Estos hacían que el ímpetu del ataque se transformase sin interrupción en una defensa controlada que lo neutralizaba, sin lesionar gravemente al atacante.

Se me acercó uno de los instructores y creí oírle decir algo en inglés. Me volví hacia él.

–Por favor, *kudasai*, ¿qué ha ocurrido?

Al principio no dijo nada; tal vez buscaba las palabras correctas o decidía si compartir la noticia con un visitante extranjero. En un inglés lento y entrecortado, me explicó que su apreciado instructor jefe, que era el fundador de ese *dojo* y cinturón negro séptimo dan, se había suicidado hacía poco.

Me recorrió por dentro un viento frío. Por un momento, el *sensei* que tenía delante fue sustituido por el espectro de la capucha. «La muerte me acecha dondequiera que voy –pensé; y me pregunté–: ¿Soy yo el siervo que siempre huye a Samarra?». Como respuesta me vino a la mente una frase de Sócrates: «No existe la victoria sobre la muerte, solo la realización de quién somos realmente». «¿Y qué significa eso?», grité por dentro.

Al ver la expresión de mi cara, el *sensei* añadió antes de despedirse:

–Él no llevó a cabo el *seppuku** a la manera de los samurái; no hubo deshonra. El *sensei* Nakayama, que era un profesor de gran fuerza y sabiduría, tenía una profunda tristeza. Una depresión. He leído un mensaje suyo a los alumnos para alentarlos a practicar de corazón, un mensaje que escribió antes de partir hacia Aokigahara Jukai.

–Aokigahara Jukai... ¿Y eso qué es? –pregunté, pero no pareció oírme. Hizo una reverencia y se marchó, de modo que volví a mi asiento a observar. Aunque estaban afligidos, los alumnos se guiaron unos a otros con ataques y defensas en una elegante danza de fuerza, en la que la armonía se perdía y se restauraba una y otra vez.

Con todo lo que había ocurrido –incluso enterarme de que un maestro de aikido acababa de quitarse la vida– salí

* Suicidio ritual por desentrañamiento, conocido también como *Hara-kiri* (N. del T.).

de allí aturdido. «Campos de energía», pensé cuando abrí la puerta y salí a la brumosa luz solar y el húmedo aire de la primavera. Caminé por las calles sin rumbo fijo después de eso; sin ver mucho, sin recordar nada.

De regreso a mi habitación del hotel al inicio de la tarde, tomé los diarios y los leí, primero las notas de Sócrates y luego las mías. Cuando al fin los dejé de madrugada, tuve que enfrentarme al hecho de que el corazón de su mensaje todavía no había penetrado en mí. Mis palabras habían brotado de *su* percepción, de *su* comprensión. Yo había vislumbrado al fin la puerta de la que él habló, pero aún no la había atravesado. Justo antes de caer dormido me vino un pensamiento extraño: «A lo mejor ya me he muerto y esto es el más allá».

El sombrío espectro me siguió por siniestras calles oníricas hasta que me senté, jadeante. Mis ojos corrieron como un rayo alrededor de la oscura habitación, parecía que me faltaba el aire. Dando traspiés llegué al lavabo y me eché agua fría en la cara y en el pecho, y me vestí rápidamente. Hui de los límites de mi diminuta habitación de hotel de la hermosa ciudad de Tokio y volví a deambular sin rumbo, desesperado por quitarme de encima la sensación de que ya no estaba en este mundo.

Adondequiera que miraba sentía la fragilidad de la vida humana. Ya no me quedaban defensas, ni negaciones. Con un chasquido de los dedos de la eternidad, yo también caería igual que las flores que yacían esparcidas como alfombras de tonalidad rosa y blanca bajo los cerezos. También moriría toda la gente que caminaba a mi alrededor. Incluso en ese momento aparecían como siluetas fantasmales y transparentes. Nadie parecía reparar en mí, un *gaijin* en un mar de japoneses. Aumentó mi sensación de invisibilidad, mi terror a no ser.

31

TREINTA Y UNO

Entré en un parque. Todo estaba en silencio antes del amanecer, pero dentro de mí se libraba una batalla entre el amor y el miedo, entre la yoidad y el no ser. Con las primeras luces del alba, busqué restablecer mi conexión con la tierra y realicé varias flexiones de brazos y luego apoyé las manos sobre un banco y alcé los pies para ponerme cabeza abajo. Después de algunos estiramientos, empecé la conocida rutina del taichí que se había convertido en una parte de mí. Por último, mi atención se asentó en el cuerpo: «No moriré como víctima –pensé–; encontraré mi propio camino incluso si no me convierto nunca en un guerrero como Sócrates».

Regresé a mi habitación del hotel para descansar un poco. En cuanto abrí la puerta lo vi allí, de pie frente a mí con la misma sonrisa y la misma postura. Sócrates no había envejecido en absoluto, al menos no lo había hecho en mi imaginación. No era realmente él, claro, sino una aparición, un recordatorio que se desvaneció rápidamente; pero pude oír su voz, que decía: «No estoy aquí para que confíes en mí, Dan, estoy aquí para ayudarte a confiar en ti mismo». Me volví hacia el pequeño samurái que estaba sobre el escritorio señalando el camino. Sócrates había escrito en su carta, «Dondequiera que pises, aparecerá un camino».

Salí del hotel para encontrar mi sendero para el día, para mi vida. Recordé un momento difícil que ocurrió durante una caminata nocturna que di una vez por el bosque. Solamente se veía un gajo de luna y mi única luz era una pequeña linterna de cabeza. En algún momento alrededor de las cuatro de la mañana, me di cuenta de que había perdido el rumbo. Retrocedí lentamente hasta que diez minutos después encontré los apenas visibles contornos de la vereda. Ahora me sentía así, como en el momento antes de que apareciera mi sendero. Di un paso, luego otro, para ver adónde podrían llevarme.

Ese día caminé junto a jardines de barrio y pequeños santuarios sintoístas y viajé en varios trenes de enlace hacia otras partes de la ciudad. Dejé vagar mis pensamientos, confiando en que mi cerebro revisara todo lo que se había revelado y hallase su sentido.

Me bajé del tren de la zona al inicio del crepúsculo; caminé a través de la cálida y húmeda tarde de vuelta a mi hotel buscando entre las tiendecitas un lugar donde pudiera encontrar fideos o arroz con verduras. Al pasar por un quiosco de periódicos y revistas, el propietario, un anciano de cabello blanco, me tendió con las dos manos un periódico en inglés para que le echase un vistazo. Tras comprárselo, encontré un restaurante cercano donde señalé una fotografía de arroz, verduras y tofu. Me las arreglé con *gohan, yasai, tofu, kudasai* e informé al empleado que yo era *bejitarian*. Me senté a una mesa de plástico y miré el periódico.

Un artículo me llamó la atención en la primera página, más abajo del pliegue. Hacía alusión a los fantasmales bosques del pie norte del monte Fuji que los japoneses llaman Aokigahara Jukai, Mar de Árboles o Bosque de los Suicidas. «¿No es ese el mismo lugar adonde el maestro de aikido se fue para morir?», recordé. El artículo seguía, describiendo el bosque como «un lugar de mala reputación, donde tantísimos suicidios ocurren cada año. El gobierno local ha levantado un cartel en el camino principal de la montaña en el que se insta a los visitantes a pensar en sus familias y a contactar con un grupo de prevención del suicidio».

Llegó mi comida; dejé el periódico a un lado. Decidí que acabaría de leer el artículo en el viaje a Aokigahara Jukai.

A la mañana siguiente encontré un vendedor de billetes que hablaba inglés; me dio un horario y la forma de llegar muy detalladamente. Subí a un autobús hacia el lado noroeste de las estribaciones del Fuji. Luego anduve varios kilómetros. El artículo reseñaba que también los turistas visitaban el bosque, donde los huesos de gente muerta hacía mucho podían encontrarse cerca de cuerpos muertos más recientemente. Muchos de los cadáveres permanecían muy ocultos, y las familias que buscaban los cuerpos de seres queridos podrían no encontrarlos en meses, si es que alguna vez los encontraban.

Cuando por fin llegué, entré bajo una espesa cubierta de árboles. El aire tenía un olor raro y lo que solo puedo describir como una extraña energía. Me adentré más en aquel *inframundo*, del que se decía que estaba poblado por los inquietos fantasmas, demonios y espíritus enfadados asociados con aquellos que murieron allí. Me sentí extrañamente como en casa.

A medida que me internaba más en los densos bosques, el ambiente se hacía más sofocante, envuelto por un manto de silencio. Por lo visto, los pájaros y demás animales evitaban la zona debido a la presencia de gas radón, lo que provocaba una quietud extraña y sin viento. El bosque de Taishan también me había parecido extraño al principio, pero ese lugar era más sombrío, incluso sobrenatural. En aquella ocasión acepté que no podía fiarme de mi brújula, debido a la alta concentración de roca volcánica y de minerales magnéticos.

Caminé por un sendero marcado buscando una de las rocosas cavernas de hielo o túneles de viento. A la entrada del bosque había visto carteles escritos en varios idiomas que advertían a los excursionistas de que no abandonasen el sendero sin algún rollo de cordel o de cinta –«¡Si no marca su camino de vuelta, podría perderse fácilmente!»– y recordé al submarinista de la caverna sumergida y mi huida bordeando la muerte en la Cumbre de Mountain Springs. «¿Por qué tentar a la suerte? –pensé–. Ya he forzado mi suerte lo suficiente para un hombre». Compré un rollo de cordel antes de entrar.

Llevaba una hora en el bosque cuando divisé algunos huesos desperdigados. ¿Humanos?, era difícil de distinguir. Como la luz del sol no podía atravesar la densa vegetación, no había sombras nítidas. Al principio creí que me seguía alguien, hasta que reconocí que el sonido que oía era el eco de mis propios pasos en el aire estancado. Incluso con la llegada del atardecer el calor y la humedad continuaban siendo agobiantes. Seguí varias veces el cordel de vuelta hasta su origen para luego desplazarme en otra dirección.

Otros visitantes habían informado que encontraron cadáveres en descomposición: verdes y amarillos, hinchados, cubiertos de hongos y brotes al fusionarse con la materia orgánica de la naturaleza. Me pareció reconfortante la idea de cuerpos que regresan a la tierra, y volví a pensar en mi amigo Chun Han.

Justo después de empezar a enrollar el cordel por última vez y regresar al sendero, tuve que hacer un movimiento brusco para no tropezar con un cadáver. Parecía estar en las etapas primeras de descomposición, y aún era reconocible como el de una mujer. Emanaba un fuerte olor, dulzón y nauseabundo. Empecé a mirar a otro lado para respetar su intimidad, pero algo llamó mi atención. Bajo un brazo de la mujer pude ver el pico de lo que parecía ser un sobre envuelto en plástico.

Quité el musgo del plástico y vi que tenía unas palabras escritas en estilo caligráfico. Como había visto recientemente en muchos carteles, reconocí el ideograma «Kioto». ¿Una dirección? Me eché el sobre al bolsillo y luego me encaminé de vuelta para llegar a la parada del autobús antes del anochecer. Pensé: «No conseguiré visitar la tumba de Chun Han nunca más, pero quizá pueda hacerle un servicio a esta mujer».

Al llegar al hotel aquella noche, me detuve en el mostrador de la recepción, señalé al sobre y pregunté que ponía. El recepcionista tradujo: «Por favor, entréguese a Kanzaki Roshi, templo Sanzenji zen, Nakazashi-ku, Kyoto-shi, Kyoto-fu».

Eso sí podía hacerlo; podía concederle el último deseo a aquella mujer anónima.

32

TREINTA Y DOS

Después de otro viaje en autobús y de una larga caminata subiendo una cuesta empinada, vi los terrenos hábilmente embellecidos con jardines del templo Sanzenji y el telón de fondo de las lejanas montañas verdes. Era más pequeño que otros templos, y no había ninguno de los autobuses turísticos que había visto estacionados en otros lugares. El templo manifestaba sencillez, elegancia y soledad; lo que los monjes zen llaman *wabi-sabi*. Me acerqué a un celador.

—¿Kanzaki Roshi?

Le mostré la carta, pero la sujeté de manera que quedase claro que no iba a cederla; todavía no. El celador hizo gestos hacia el jardín. «Ah, esto va a tardar un poco», me dije.

Cuando se alejó, examiné el jardín mientras esperaba. Echando un vistazo atrás hacia los edificios, noté el parecido del templo con una casa de campo; quizá hubiese sido una vivienda alguna vez. Arces japoneses de hojas de color morado oscuro le ponían contraste a la verde vegetación de musgos y pinos, que habían sido recortados en formas que emanaban equilibrio y serenidad.

Me arrodillé junto a un pequeño estanque y miré a los peces koi que se deslizaban por el agua limpia. En momentos así la vida se sentía –según las palabras de Mei Bao– como «un sueño maravilloso». ¿Podía estar imaginándome todo eso? Mi vida parecía desplegarse en una experiencia visionaria tras otra, en sueños intercalados de vez en cuando con pesadillas; mi estado de vigilia era como un interludio entre escenas fantásticas.

Sentí un leve toque en un hombro y al volverme vi a un hombre mayor vestido de monje que me sonreía amablemente. Me puse en pie e hice una reverencia. Habló en inglés con acento muy marcado:

–Soy Kanzaki Roshi. Creo que usted tiene una carta para mí.

Me presenté, le pasé la carta con ambas manos a la manera japonesa y luego hice una reverencia. Él aceptó la carta de manera semejante y la abrió. A través del papel vi que el texto era breve, hubieran bastado unos segundos para leerla, pero el *roshi** la miró fijamente más de un minuto.

Cuando volvió a mirarme, vi que sus ojos estaban húmedos.

–¿Tomaría un té conmigo?

–Me sentiría muy honrado.

Unos minutos después los dos nos arrodillamos ante una mesa baja. Una mujer vestida con kimono apareció con los elementos de la *matcha*, el acre té verde. Vertió agua

* En el ámbito del zen, *roshi* es un tratamiento, abreviatura de *rodaishi* que significa 'gran maestro experimentado'.

hirviendo sobre el polvo verde y la mezcló rápidamente con un batidor. Antes de dar un sorbo, copié lo mejor que pude los movimientos del *roshi* dándole vueltas a la taza y admirándola, un ritual característico del enfoque consciente del zen, nacido de largas prácticas de meditación.

Cuando acabamos, el *roshi* me preguntó cómo había llegado a tener la carta y qué me había llevado a entregarla. Se lo expliqué lo más sencillamente que pude. Al acabar, hizo otra reverencia.

–Gracias por tomarse la molestia.

–No ha sido una molestia en absoluto –le dije. Deseaba saber más, pero no quería ofenderlo con mis preguntas.

Él lo notó y comenzó a contarme:

–Se llamaba Aka Tohiroshina. Trabajó aquí a media jornada como asistente. Hice todo lo que pude para aconsejarla y guiarla, pero parece que no lo bastante bien.

Sacó la carta y me la tradujo:

> Respetado Kanzaki Roshi:
> Me siento apenada por quitarme la vida. Ha sido una larga lucha, como usted sabe. No he enviado esta carta por correo por si acaso cambiaba de idea. No espero que le llegue nunca a usted, pero si por alguna casualidad lo hace no intente recuperar mi cuerpo, por favor; no deseo crear más problemas. Sería un gran servicio si pudiese transmitir mis disculpas a mi madre, que lo hizo lo mejor que pudo. Le agradezco su guía y sus cuidados. Usted hizo que mi vida fuese más apacible durante un tiempo.

Cuando acabó de leer, nos quedamos un rato en silencio.

Parecía que tanto esa joven como el viejo maestro aikido de la escuela que había visitado anteriormente habían sucumbido al demonio de la depresión. Recordé a un conocido mío de la zona de la bahía de San Francisco que también padecía depresión y que en un impulso saltó desde el puente Golden Gate, solo para convertirse en uno de los poquísimos que hayan sobrevivido a algo así. En la caída se rompió la pelvis y ambas piernas, además de sufrir otras lesiones internas. Varios años más tarde, tras recuperarse completamente, me reveló que un momento después de lanzarse al aire, mientras caía a plomo aquellos largos segundos, ingrávido y en un estado suspendido, adormecido y desorientado, había cambiado de idea: quería vivir. «¿Cuántos de los muchos otros que murieron habían cambiado de idea también cuando caían?», me pregunté.

Kanzaki Roshi me invitó a pasear por el jardín. Me preguntó por mi presencia en Japón y le hablé de mi interés en prácticas como el zen y las artes marciales.

–He leído lo suficiente como para comprender que el corazón del zen es la meditación *zazen* y la práctica *koan*, que conducen a la percepción directa; y he practicado un poco. –Él esperaba que continuase, así que añadí con una sonrisa–: Sé mucho; poco he comprendido.

El *roshi* parecía tan dispuesto a escuchar que me vi a mí mismo contándole mis pensamientos y preocupaciones más profundos:

–He hecho mucha introspección –dije–, y a pesar de eso mi vida parece un *koan* sin resolver. He tenido la gran suerte de estudiar con un maestro llamado Sócrates, al que llamé así por el sabio griego; pero sigo estando inquieto... –En aquel momento balbucía de nuevo; tras una pausa escogí mis palabras con más cuidado–. Espero complementar mis conocimientos de principiante.

Mientras caminábamos me di cuenta de que los arces rojos y verdes se inclinaban elegantemente sobre el estanque y el camino de placas de piedra rodeadas de gravilla recientemente rastrillada. Los jardineros que había cerca, con su calzado característico, rastrillaban el camino y recortaban el follaje.

–Los jardineros japoneses no crean belleza, simplemente la honran y la cultivan. Así como el escultor corta de la madera todo lo que no se necesita para la forma final, los artistas del paisaje eliminan lo superfluo... de los árboles y de sí mismos. –Kanzaki Roshi abarcó con gestos las piedras cubiertas de musgo, las raíces y el agua. Señaló uno de los árboles y continuó–: Para el pueblo japonés, el ciruelo es el corazón valiente, el primer árbol que florece tras el frío del invierno. –Dirigió mi atención a un bosquecillo verde a nuestra derecha–. El bambú, con su rectitud, representa la honestidad.

Cuando caminamos junto a una zona rastrillada cuidadosamente –un mar de arena que contenía islas de piedra de reducidas dimensiones y, sobre ellas, pequeños pinos podados al estilo bonsai–, añadió:

–Sacamos inspiración del pino porque, al ser inalterable en todas las estaciones y no cambiar de forma ni de color, representa la fuerza y la constancia.

–Cerca de la entrada he visto que las ramas de un pino estaban decoradas con muchos trocitos de papel blanco que colgaban como pequeños frutos con algo escrito en ellos.

–Mensajes de oración –dijo–; una tradición sintoísta.

–Pero ¿no es este un templo budista?

Sonrió y se encogió de hombros.

–El sintoísmo está entretejido en las raíces de la tierra y de la vida japonesa. Una creencia sintoísta dice que los *oni*, los malos espíritus, se reúnen donde se acumulan el polvo y la suciedad. Por eso para tantos japoneses la limpieza está cerca de la devoción, como ustedes dicen. El sintoísmo tiene diez mil dioses, que es otra manera de decir que el Espíritu está en todas partes; pero los estudiosos del zen evitan esas ideas tan abstractas y prefieren la inmediatez de cada momento.

–Parece que el sintoísmo y el zen están tan entrelazados en la cultura japonesa que a alguien ajeno como yo se le hace difícil separarlos.

–En cierto modo se mezclan –dijo entrelazando los dedos de las dos manos–, y aun así son distintos. El sintoísmo, o Camino de los Dioses, es la religión autóctona de Japón y se remonta a la historia antigua. Se basa en las creencias en los *kami*, o espíritus deidades de la naturaleza, e implica ritos de purificación para expiar las malas acciones y encontrar el equilibrio espiritual. La mayoría de los japoneses honra o practica el sintoísmo a su manera. El zen vino más recientemente a Japón y evolucionó desde el budismo chino conocido como chan, que se basa en las Cuatro Nobles Verdades de Buda y en el Camino Óctuple para alcanzar la iluminación y trascender los ciclos de vida y muerte y de renacimiento y sufrimiento. Mientras que el budismo pone el énfasis en los rituales y el estudio de los *sutras*, el zen, como usted bien comprende, tiene un enfoque directo en la iluminación por medio de la práctica del *zazen* y del trabajo *koan* con un enseñante experimentado, para conseguir percepciones que pueden conducir a una iluminación gradual o espontánea.

Mientras que el sintoísmo es tradicional y comunitario, el zen tiene un enfoque sencillo e individual, dependiente del propio esfuerzo y de la práctica sincera de quien lo practica. En palabras del Maestro Takeda Shingen: «El zen no tiene más secretos que pensar seriamente en el nacimiento y la muerte».

Después de mis últimas experiencias, esas palabras dieron en el blanco de mi propia búsqueda.

Al ver mi expresión, Kanzaki Roshi sonrió y dijo con cordialidad:

–Ahí está, profesor Dan, he utilizado mi cuota de palabras para toda la semana con esta mirada al corazón del jardín y de la vida japonesa. Tal vez su propia meditación y la práctica del *koan* puedan ayudarle a valorar tales conceptos directamente, más allá del intelecto.

Asentí con la cabeza y recordé la carta de la joven que me había llevado allí.

–Circunstancias recientes me han conducido a contemplar la muerte más atentamente. Ha sido una obsesión semejante al *koan*, y fue lo que me llevó al bosque de Aokigahara y a su alumna.

–Pronto llevaré a cabo un ritual que la honre entre aquellos que la conocimos. Ella nos ha recordado nuestra propia transitoriedad; todos nosotros pasamos por la vida como en un sueño.

Sentí un escalofrío de identificación cuando constaté que sus palabras retrataban mi estado presente. «¿Cuándo despertaré?», pensé.

Súbitamente, Kanzaki Roshi se volvió hacia mí, me miró a los ojos y preguntó:

–¿Qué es lo que verdaderamente le ha traído a Japón?

Su franqueza me sorprendió.

Busqué las palabras adecuadas, pero no me vino ninguna; así que me quité la mochila, saqué el pequeño samurái y se lo presenté con las dos manos y la cabeza inclinada en reverencia. Lo aceptó de manera similar y habló directamente a la estatuilla:

–¡So desu! –dijo con un punto de vehemencia en su voz y algo de asombro, o sorpresa–. A veces pasan estas cosas –murmuró para sí mismo; y luego me dijo–: Parece que usted haya servido a otro propósito al venir aquí.

–¿Qué propósito? –pregunté lleno de curiosidad.

Sonrió de nuevo, esa vez de la manera en que lo haría un niño que se anticipa a una sorpresa. Me devolvió el samurái y me dijo:

–No puedo responderle con palabras. Hay otro templo, un lugar de retiro. Un sitio tan poco conocido que no tiene nombre. Con su permiso, lo llevaré allí yo mismo sin dilación.

33

TREINTA Y TRES

Tras un corto viaje el automóvil nos dejó al final de un callejón sin salida. Podía ver algunas casitas más abajo, pero la carretera terminaba allí y empezaba un espeso bosque de bambú. Seguí al *roshi*, que avanzaba cuidadosamente a través de los bambúes.

Una vez dentro, encontré un estrecho sendero de tierra que zigzagueaba a izquierda y derecha antes de abrirse en un camino más ancho, pavimentado con piedra y grava. La túnica de Kanzaki Roshi ondeaba cuando volvió a desaparecer tras un brusco recodo. Unos minutos después lo encontré esperándome en un claro. Al otro lado, cerca de otro muro de bambú, estaba lo que podría haber sido una casa tradicional, de gruesa techumbre de paja muy inclinada, hecha de lo que el *roshi* me dijo que era paja de arroz y corteza de cedro.

La cerca de bambú tenía una entrada, una cancela baja hecha de varas de madera y juncos tejidos que se abría girando hacia arriba, lo que obligaba a los potenciales visitantes a doblar primero las rodillas e inclinarse, adoptando la posición necesaria para levantarla. Un acto de humildad, muy parecido a la tradicional inclinación reverente de los practicantes de las artes marciales según entran o salen del *dojo*. Kanzaki Roshi pasó con elegancia a través de la puerta y la dejó abierta utilizando un palo pequeño. Seguí detrás, inclinándome mucho también; él quitó el palo y la puerta se cerró girando detrás de nosotros. Al aproximarnos a la casa vi que tenía el suelo ligeramente elevado sobre el terreno para la estación lluviosa.

Nos quitamos los zapatos en el pequeño porche y entramos. En el centro de la habitación había una mesa baja arrimada a un pequeño fogón, que serviría para cocinar y como calefacción. Cubrían el suelo esterillas de tatami, viejas pero limpísimas. La única ventana dejaba entrar una luz suave. Las paredes estaban hechas de paneles de papel de arroz.

Pasamos rápidamente por la habitación. Kanzaki Roshi deslizó un panel cuya apertura daba a una pasarela cubierta que tenía vistas a otro jardín impoluto, más pequeño que el del templo. A lo largo de la pasarela había paneles cerrados que llevaban a otras habitaciones, las cuales mirarían directamente al jardín una vez abiertos los paneles. El *roshi* introdujo los pies en unas sandalias y me invitó a que hiciera lo mismo. Irradiando el mismo entusiasmo infantil que había mostrado antes, me condujo a un rincón alejado del jardín y luego hacia delante por un sendero serpenteante de piedras irregulares que terminaba en una roca que me llegaba a la altura de la cadera y con la parte superior aplanada.

En la superficie plana de la roca había dos pequeñas estatuillas de samuráis casi idénticas a la mía en antigüedad y aspecto, colocadas dándose la espalda formando un ángulo. Cada guerrero estaba en una postura diferente: el primero, me explicó el *roshi*, mostraba la clásica posición de agua, con la espada sostenida frente al cuerpo, las manos y la empuñadura cerca de la cadera y la punta de la hoja señalaba hacia arriba, hacia la garganta de un enemigo invisible. El segundo guerrero estaba en la posición de fuego, con la espada sostenida en alto, las manos sobre la frente y la punta señalaba atrás y arriba, preparado para golpear hacia abajo en un instante. Ambas eran posiciones clásicas de lucha.

****

El *roshi* señaló un óvalo ligeramente descolorido donde podría haber estado una tercera estatuilla. Se volvió hacia mí y esperó. Saqué mi propio samurái, lo coloqué en el tercer espacio y lo giré a un lado y otro. Solo cuando lo puse de espaldas a los otros dos encajó perfectamente en la ligera oquedad de la base. Los tres samuráis formaron entonces un triángulo, cada uno de ellos mirando hacia fuera, alertas, cada uno guardando las espaldas de los otros dos. Había pensado en la postura de mi pequeño samurái muchas veces sin tener ni idea de lo que significaba. A diferencia de los otros dos espadachines, su hoja permanecía en la vaina (o *saya*) y la mano sobre la empuñadura; no era una postura de lucha, sino de preparación: un guerrero pacífico.

Creo que dejé de respirar por un momento. «¿Cómo es posible?», me pregunté. Los recuerdos se fueron devanando en mi mente: encontré el pequeño samurái en una cueva submarina muchos meses antes, lo llevé conmigo por el desierto, dejé que me llevase hacia la ciudad de Hong Kong, luego mis viajes al bosque de Taishan y la escuela y por último allí. El pequeño samurái había encontrado su camino a casa. Yo no tenía respuesta alguna, pero todo eso cuadraba.

La tríada estaba ya completa, y parecía que también lo estaba mi viaje. Lo que empezó como un enigma acabó en otro. Miré a esa enigmática reunión un momento más. Entonces, con una reverencia a los tres samuráis, me liberé de ello. Creo que Sócrates habría estado complacido.

La revelación pasó, como un rayo de sol o un chaparrón. Cuando el *roshi* y yo nos marchábamos, me vinieron a la mente unas palabras del diario: «Memoria, lo que llamas pasado; e imaginación, lo que llamas futuro...».

Nos quitamos el calzado de jardín al llegar a la pasarela. Kanzaki Roshi fue por delante y deslizó el panel que abría una de las habitaciones.

–Antes de que se vaya, ¿tal vez podría encontrar algún beneficio en la postura de *zazen* durante un rato?

–Eso me gustaría –dije.

–Empiece con media hora, oirá un gong. Después de sentarse puede practicar *kinhin*, la meditación en marcha, hasta que sienta flexibles las piernas y esté preparado para sentarse otra vez. Aumente el tiempo de cada práctica sentado a lo largo de la noche.

«Aquí y ahora no tengo otro sitio donde ir», pensé, agradecido por la oportunidad.

Antes de que me dejara, le pregunté:

–¿Tiene algún otro consejo acerca de cómo podría meditar correctamente?

–Solo dos cosas: tiene que adoptar una buena postura y tiene que morir.

Se volvió y se marchó silenciosamente de la habitación.

Me gustaría decir que mi mente se vació de todo pensamiento, pero sus palabras al partir tuvieron el efecto contrario: «¿Y cómo muero? –rumié melancólicamente–. ¿Es eso lo que quiere decir con una buena postura? A lo mejor todavía no se ha marchado...». Me quité de encima el impulso de abrir los ojos, de buscar, de desistir.

Me imaginaba a los monjes sentados no muy lejos en una inmovilidad absoluta, sin tener nada más sobre sus hombros que el cielo, experimentando la no mente, o *mushin*, como lo había llamado Kanzaki Roshi. Mientras tanto, una verdadera Disneylandia iba a toda marcha dentro de mi cráneo. Hice todo lo posible por no moverme o estar inquieto, incluso cuando me picó la nariz. Hasta cuando tuve que estornudar. «¡No! –pensé–, ¡no debes estornudar! No estornudes, no estornudes, no estornudes», me repetí mientras las ganas crecían. Empecé a sudar por el esfuerzo de todos esos "tengo que, no tengo que": «Postura... morir... ¿qué quiere decir todo eso, de todos modos? ¡Qué desastre soy! Si Sócrates pudiera ver mi estado mental... ¿Por qué me aceptó siquiera como su alumno?».

Inspirar y espirar, aceptación y liberación. Inspiración, inhalar el espíritu; espiración, dejarlo salir. Volví mi atención una y otra vez a la respiración, solo la respiración...

Me senté de esta manera durante períodos más largos. En los intermedios necesarios me levantaba y llevaba a cabo una lenta y consciente meditación en movimiento, atento al cambio de peso al mover un pie tras otro hacia delante, llenando y vaciando, a la manera del taichí. Después de terminar de dar una vuelta completa a la habitación me sentaba otra vez, con los ojos todavía entrecerrados.

Justo después de amanecer un gong sonó seis veces. Elevé despacio los ojos medio cerrados hacia arriba desde la esterilla del tatami. No puedo explicar verdaderamente lo que ocurrió después, pero cuando los abrí, parpadeé y parpadeé, incapaz de captar la forma conocida que había frente a mí.

—¿Sócrates?

Estaba ahí sentado sonriendo, exactamente como había sonreído en la habitación del hotel. Levantó una mano, se rascó la cara y abrió un panel, dejando entrar la luz.

34

TREINTA Y CUATRO

Cuando miré, Sócrates volvió a arrodillarse al estilo japonés. Vestía los pantalones negros *hakama* y la chaqueta blanca de algodón *uwagi*. Parecía más viejo, venerable, etéreo; aun así, sus ojos todavía mantenían la chispa. Volvió apresuradamente el tiempo que pasamos juntos; los años que habían transcurrido desde entonces se comprimieron en lo que pareció un abrir y cerrar de ojos.

–Hola, chico –dijo–, tarde como siempre. ¿Hay algo que quieras decirme?

No necesité más invitación. Le hablé de mi vida desde la última vez que estuvimos juntos: sobre mi fracasado matrimonio y lo mucho que echaba de menos a mi hija, sobre la época con Mama Chia en la pluviselva y sobre cómo había encontrado la estatuilla del samurái y su carta, y más tarde el diario. Le describí a Ama y a Papa Joe, quien lo había ayudado hacía tantos años, y al niño que se convirtió en Joe Lobo Acechante, y mis viajes a Hong Kong y a China, y a Hua Chi, Mei Bao, el Maestro Ch'an, Chun Han y mis alumnos.

Empecé a decirle más cosas sobre el diario, que Nada –María– le había encomendado. Cuando me moví para traerlo, él me tranquilizó.

–No es necesario. Continúa, por favor.

Así que le conté lo que había sucedido desde mi llegada a Japón y mi viaje por Aokigahara Jukai, que me había llevado a Kanzaki Roshi y a aquel momento.

Le pedí su orientación.

–No puedo quitarme la sensación de irrealidad, Sócrates... Es como si estuviera atrapado en un sueño asomado sobre un precipicio, obsesionado otra vez por el oscuro espectro de la muerte.

No respondió nada, pero siguió mirándome. Hasta que, al final, solamente dijo:

–Podemos encontrarnos otra vez cuando estés preparado.

–Eso me lo dicen mucho –comenté malhumorado–. ¿Preparado para qué?

–Para la muerte; para la vida; para lo que sea que venga.

–Estamos reunidos ahora mismo, Sócrates. ¿No es el ahora tu tiempo favorito?

En el silencio que siguió sentí como si nunca nos hubiésemos separado, lo que en cierto sentido era verdad; pero él había cambiado de alguna manera. O quizá era yo.

Cuando levanté la mirada, el cuerpo de Sócrates empezó de repente a resplandecer y luego se transformó en el encapuchado espectro de la Muerte. Anonadado, cerré los ojos para rechazar la visión. Cuando volví a abrirlos, era Kanzaki Roshi el que estaba sentado serenamente frente a mí, vestido con ropas idénticas a las que llevaba Sócrates. Tartamudeé, estupefacto:

–¿Cuánto... cuánto tiempo ha estado sentado ahí? ¿Hemos estado hablando?

–Usted habló. Yo estaba sentado.

–Pero él me dijo cosas... Él estaba aquí...

El *roshi* se puso en pie.

–Por favor, Dan-san, continúe su práctica.

Me levanté con dificultad y fui tambaleándome por el pasillo para ir al baño. Encontré una jarra justo al salir de la habitación y bebí el agua fría sintiéndome aún más inquieto que la noche anterior.

Al volver al *zazen* me esforcé por encontrar una postura relajada y erguida, «sin inclinarse adelante hacia el futuro o atrás hacia el pasado», como Sócrates me dijo una vez. Estaba seguro de que él había estado conmigo hacía unos momentos. «Me gustaría haberle contado algo sobre los escritos; incluso preguntarle si su aparición era una especie de delirio. Un espejismo; como el yo, como la muerte. –Pensé en lo que Kanzaki Roshi había dicho–: ¿Por qué tengo que morir para meditar adecuadamente?».

Desde la inmovilidad apareció una respuesta: «Mientras estoy vivo, sigo sujeto a la actividad del mundo, empeñado en un pasillo rodante de planes pasajeros, preguntas y pensamientos. Para los muertos no quedan ataduras; ya no queda nada que hacer, que conseguir, que comprender».

Recordé la práctica de yoga de *shavasana*, la postura del cadáver, para completar la práctica de la *asana*. Estaba destinada a ser mucho más que un ejercicio de relajación. «Pero ¿qué significa desprenderse de todo lo que es vida? ¿A qué debo renunciar para poder morir?», me preguntaba. Ese tipo de preguntas se habían convertido en semillas que, cuando las hube plantado muy dentro, empezaron a crecer y a dar fruto. Enseguida entré en una meditación espontánea. A diferencia de la habitual práctica sentado, esta estaba llena de revelaciones. Llegó como una inundación que solo adquirió forma cuando más tarde lo puse todo por escrito.

Empieza por exhalar la oscuridad e inhalar la luz, hasta que mi forma física se llena de una chispeante luz blanco-azulada...

> Luego viene una profunda disposición a rendirse, a regresar a lo que yo era antes de ser concebido, a morir mientras viviera, a desprenderse completamente, a renunciar a todo y entrar en la experiencia y el proceso de la muerte, empezando con...

> **Ya no más tiempo.** El pasado y el futuro se desvanecen a la vez que yo entrego toda memoria y toda imaginación. Solo permanece el presente.
>
> **Ya no más objetos.** Todas las posesiones se desvanecen: juguetes, herramientas, regalos de recuerdo, ropa... Todo lo que poseo, todo lo que he ganado, acumulado o comprado. Dejaré el mundo como llegué, desnudo.
>
> **Ya no más relaciones.** Me despido de cada ser humano y de cada animal que conozco o que haya conocido jamás: familia, amigos, colegas, conocidos, mascotas de la niñez... Todos aquellos que amo o que me aman, desaparecidos. Desde este momento estoy solo.
>
> **Ya no más actos.** Entrego la capacidad de moverme, de hablar, de hacer, de influir, de conseguir... Ya no más deberes o responsabilidades... Ya no más tareas que

completar o asuntos que acabar mientras mi cuerpo se vuelve tan inmóvil como la madera.

Ya no más emociones. Los colores del sentimiento se desdibujan en gris... Ya no más alegría o pena, miedo o valor, ira o serenidad, pasión, melancolía o júbilo mientras el corazón y el cuerpo entero se vuelven de piedra.

Ahora se marchan los sentidos, uno a uno:

Ya no más gusto. El poder del gusto desaparece... Ya no más comidas, bebidas o labios de amantes para estimular la lengua o el paladar con dulzuras y picantes.

Ya no más olfato. El final de todos los perfumes y los aromas, de comidas y de flores... Se han ido los aromas de aquellos que amo, de la casa y de la tierra, del mundo natural.

Ya no más vista. Las imágenes pierden enfoque, y luego ya no hay nada más en lo que enfocarse... La belleza de los paisajes de la naturaleza, los colores de la salida o de la puesta del sol, las sensuales formas del mundo, los colores y las texturas, la luz y la sombra... Todo se desvanece en la oscuridad.

Ya no más sonido. La capacidad de oír música y voces, los cantos de los pájaros, el susurro de las hojas o de la seda, las campanillas colgantes que mueve el viento, la risa, el trueno, los sonidos de la vida de la ciudad... Todo se desliza hacia el silencio, hasta el tamborileo de mi sangre mientras todavía fluye en mis venas.

Ya no más tacto. El final del dolor o del placer, de lo cálido o lo frío... Nunca más sentir el toque piel a piel de un ser amado mientras las terminaciones nerviosas se hacen insensibles.

Sin tiempo, objetos, relaciones, actos, emociones, sin los sentidos del gusto, olfato, vista, oído o tacto, ¿qué queda? Negrura, silencio.

Ya no más yo. Ninguna sensación de ser o de tener un cuerpo... Se corta el último hilo que permanece de la experiencia de un yo interior... Encontrar el centro de la paradoja, desprenderse de aquello que no existió verdaderamente. Desvaneciéndose, haciéndose transparente, ingrávido, evanescente. Solo queda la Consciencia. Y el mundo sigue adelante exactamente como era, sin mí.

TREINTA Y CINCO

El sonido de un gong me hizo volver en mí mismo en una habitación silenciosa. Me llevó unos momentos darme cuenta de dónde estaba y quién era. Había renunciado a todas las experiencias, relaciones, sensaciones y recuerdos que constituían mi vida y podría haber esperado tener una agridulce sensación de melancolía. En lugar de eso me sentí renacido, porque al abrir los ojos todos los dones de la vida volvieron como un torrente.

¡Tenía un pasado que recordar y un futuro que imaginar! Podía disfrutar de los objetos y de las posesiones sin estar apegado a ellos. Tenía seres queridos, amigos, colegas y una cantidad innumerable de conocidos para disfrutar. Podía sentir profundamente emociones que cambiaban como el estado del tiempo, o como las estaciones. Podía saborear los deleites de la comida y la bebida, oler aromas, ver un mundo de luz y de color, oír una sinfonía de sonidos y relacionarme con la gente y con el mundo a mi alrededor por el don del tacto: «Esto es lo que significa estar vivo».

Mientras estaba sentado en la silenciosa habitación, recordé algo que Sócrates me había contado acerca de una gran tortuga que nadaba por las profundidades de los siete mares y salía a la superficie a respirar una única vez, y solo en una ocasión cada cien años.

–Imagina un anillo de madera –dijo– que va a la deriva sobre la superficie de uno de los vastos océanos. ¿Cuáles son las probabilidades de que esa tortuga salga a la superficie y que suceda que su cabeza se introduzca en ese anillo de madera?

–Una entre un billón, supongo... Una posibilidad cercana a cero.

–Considera que las probabilidades de nacer como ser humano en el planeta Tierra son menores que eso.

«¿Y cuáles son las probabilidades –pensé– de que yo esté aquí, ahora, en un templo zen en Kioto, en Japón, sobre el planeta Tierra, interpretando el extraño papel de Dan Millman con una implicación limitada?».

Esa tarde, Kanzaki Roshi y yo compartimos una comida en silencio antes de que él se despidiera. Me invitó a que pasara una tarde más en el templo de los tres samuráis.

Justo antes de dormir aquella noche, volví a meter el diario de Sócrates y mi cuaderno en mi mochila y doblé mi ropa para el viaje a casa. Y, pensando en mi hija, metí dentro con cuidado la muñeca kachina.

Por la mañana, después de un ligero desayuno, un vehículo me esperaba para llevarme a Osaka y al aeropuerto.

Mientras el avión atravesaba el cielo de la tarde, los relámpagos iluminaban las nubes de abajo y yo floté una vez más entre el cielo y la tierra, de camino a casa.

EPÍLOGO

Antes de aterrizar en Ohio y volver a mi hija, a mis clases y a los convencionalismos de la vida cotidiana, oí la voz de Sócrates tan claramente como si hubiera estado sentado en el asiento libre de al lado. Casi podía verlo por el rabillo del ojo y sentir su mano en mi hombro mientras su voz sonaba clara en mi mente: «Tú esperabas encontrar una escuela oculta en el Este, Dan, así que allí fue donde te envié; pero ahora comprendes que la escuela oculta aparece en cada bosque, parque, ciudad o pueblo, cuandoquiera que mires más allá de la superficie de las cosas. Solo tienes que despertar y abrir los ojos».

Sócrates me había enviado a encontrar una escuela oculta en algún lugar de manera que pudiera hacerla realidad en todas partes –de manera que pudiera darme cuenta al final de que la promesa de la vida eterna nos espera a todos–, no al otro lado de la muerte, sino aquí y ahora, en el eterno presente.

Mi informe al decano y al comité de la beca fue bien recibido. En los meses siguientes compartí unas pocas revelaciones del diario con aquellos amigos y colegas a los que les interesaba, manteniendo presente la sabiduría del gran santo Ramana Maharshi, que dijo una vez: «Yo le doy a la gente lo que la gente quiere, y así al final la gente podrá querer lo que yo quiero darle».

Aquel mes de diciembre, al final del semestre, me retiré de mi puesto en el profesorado. Mi esposa y mi hija habían regresado al norte de California. Una vez que se establecieron en su propio lugar, encontré un pequeño apartamento no muy lejos de ellas y viví en soledad.

Pasaron los meses; el invierno se convirtió en primavera. Una tarde de verano, abrí mi cartera y saqué la tarjeta profesional de Sócrates. Las desvaídas palabras impresas por delante –Paradoja, Humor y Cambio– dotadas ahora de nuevo significado y profundidad. Le di la vuelta a la tarjeta. Para mi sorpresa, allí encontré cuatro palabras escritas y un grupo de números. Desconcertado, leí «Lago Edison, lado sur». Yo había visitado una vez esa zona en una excursión con mochila al este de Merced, en el Bosque Nacional Sierra.

«¿Es la letra de Sócrates, o la mía?», me preguntaba. ¿Podía haber andado dormido, haber abierto la cartera y escrito aquellas palabras? ¿Estaba conectado el mensaje con la reunión, real o imaginaria, que tuve con Sócrates en los últimos días de mi estancia en Japón?

El grupo de números decía: 27-8-76. Veintisiete de agosto, faltaban cuatro días. De alguna manera sentí que eso sería el final de un largo trayecto. ¿O era mi huida a Samarra? ¿Estaría esperándome el espectro oscuro, o sería una visión de la vida eterna? Oí la voz de Sócrates resonar en mi mente: «La Consciencia *no está* en el cuerpo, Dan, el cuerpo está en la Consciencia; y *tú eres* esa Consciencia... Cuando te relajas sin esfuerzo dentro del cuerpo estás feliz y satisfecho y libre... La inmortalidad *ya es* tuya».

Esa noche, en algún lugar del laberíntico mundo onírico se abrió una brecha en el tejido del tiempo y el espacio. Lo que surgió fue una visión de mi futuro, una posibilidad esencial:

> Mi cuerpo empieza a temblar y caigo de espaldas por el espacio. A miles de metros sobre un mosaico verde y marrón muy abajo, mis brazos se extienden hacia el horizonte, mantenidos en alto por el viento. Una vez más soy un punto de consciencia que flota en un cojín de aire entre el cielo y la tierra. Abajo aparece un bosque que se va acercando mientras las distintas formas se definen: un granero, y campos, y un arroyo que fluye junto a un pabellón blanco. Ansío remontar el vuelo otra vez, lejos de un mundo de gravedad y de mortalidad; pero caigo del cielo hacia una playa donde la arena blanca se une al mar azul. Soy un remolino mientras giro hacia abajo y el viento se transforma en un rugido; y luego silencio absoluto, al atravesar la tierra y remontarme hacia la noche mientras esferas brillantes cristalizan en un túnel de luz...
>
> La luz se transforma en una hoguera crepitante que ilumina el rostro de mi viejo guía sentado en un claro del bosque. Ha estado esperándome desde siempre. Sus ojos brillan. Luces radiantes flotan en el cielo nocturno hasta que la luz de la hoguera se convierte en luz de las estrellas.

AGRADECIMIENTOS

Nadie escribe por sí solo un libro de cierta calidad. Sin el apoyo de mi agente literario, Stephen Hanselman; de mi editora, Michele Martin; de mi entusiasta correctora, Diana Ventimiglia, y del equipo completo de impresión de Simon & Schuster, North Star Way, así como de los primeros lectores: Ned Leavitt, Alyssa Factor, David Cairns, Holly Deme, Peter Ingraham, Ed St. Martin, Dave Meredith, David Moyer y Martin Adams; sin todos ellos este libro no existiría en su forma presente.

Doy gracias especialmente a mi esposa, Joy, que leyó múltiples borradores sin pulir y se convirtió en una guía inestimable mientras el manuscrito iba tomando forma; y a nuestra hija, la escritora Sierra Prasada, cuya detallada guía de desarrollo y revisión de la serie hicieron posible una narración más coherente. La que es mi correctora independiente desde hace mucho tiempo, Nancy G. Carleton, aportó un último pulido.

Mi agradecimiento a las siguientes personas por su información, percepciones y sugerencias: Clark Bugbee, Reb Anderson Roshi, Linda Badge, Mickey Chaplan, Annie Liou, Takashi Shima y Harumi Yamanaka. El escritor y profesor de taichí Scott Meredith compartió su experiencia relacionada con los aspectos de la energía interior y la historia del taichí.

Como siempre, mi amor y mi agradecimiento a mis padres, ya fallecidos, Herman y Vivian Millman, que siguen inspirándome con su ejemplo y su recuerdo.

Los siguientes libros no solo me sirvieron para la documentación, sino que también fueron valiosas fuentes de inspiración: *Llamar a las puertas del cielo*, de Katy Butler; *Cómo morimos*, del doctor Sherwin Nuland; *La travesía final*, de Scott Eberle; *Relámpagos de otoño*, de Dave Lowry; *El profesor enjaulado* y *El animal cuentacuentos*, ambos de Jonathan Goittschal; *El zen y la cultura japonesa*, *El zen y los samurái* y *Trayecto final*, de D. T. Suzuki; *Desde aquí hasta aquí*, de Gari Crowley; *Libre albedrío*, de Sam Harris; *Sobre la mortalidad*, de Atul Gawande; *No hacer daño*, de Henry Marsh; *La ilusión del yo*, de Bruce Hood; *Cuando el aliento se convierte en aire*, de Paul Kalanithi; *Vida y muerte en Shanghai,* de Nien Cheng; *El humo ciega tus ojos*, de Caitlin Doughty; *El camino del zen*, de Alan Watts; *Cómo sentarse*, de Thich Nhat Hanh; *Sobre la muerte y el morir*, de Elisabeth Kübler-Ross y *La muerte de Ivan Ilich*, de León Tolstói.